Die deutsche Talfahrt

Mike Grass

**Ungebremst
und ohne Airbag**

Über den ganz normalen Heimatfrust in
Deutschland

Bildnachweis:

Die auf der Außenseite des Buches gezeigten
Karikaturen wurden erstellt von Paulmichl

Mehr Informationen zum Karikaturisten unter
www.paulmichel.de

Forumsbeiträge entnommen aus:
www.auswandern-aktuell.de
Die entsprechenden Genehmigungen zum
Nachdruck liegen vor.

Copyright© 2004 held by the author.

Printed in Germany

Umschlagdesign: Ares
Titelkarikatur: Paulmichl
Rückseitenkarikatur: Paulmichl
Unschlaggestaltung: Ares

Herstellung und Verlag: Books on Demand GmbH,
Norderstedt

ISBN 3-8334-2538-5

Ich möchte mich bei Marcy, Jessie, Joy, Steven ,Jake, Bill, Jim, Trish, Sylvan, Connor, Yvonne und Jenny für die Unterstützung beim Schreiben des Buches bedanken.

Sei es durch aktive Unterstützung oder durch seelische - ohne Euch wäre es nicht möglich gewesen.

Mike

Inhalt

„Schafe folgen brav eines dem anderen, auch wenn ihr Ziel der Schlachter ist"

Vorwort

Deutschland,
immer öfter habe ich mich in den vergangenen Jahren gefragt was mir zu diesem Wort einfällt. Zu dem Land in dem ich geboren wurde, in dem ich aufwuchs, in dem meine Wurzeln liegen.

Nachdem ich 8 Jahre im Ausland gelebt habe und nun seit 6 Jahren wieder hier bin fällt mir nicht sehr viel Gutes zu Deutschland ein.

Ein Land dessen Einwohner eher an Zombies als an lebendige Wesen erinnern, gefangen im Kampf ums Überleben ihr Glück in allem suchend was ein wenig Ablenkung vom verhassten Alltag verspricht.

Ein Land dessen politische Führung und wirtschaftliches Management so sehr damit beschäftigt sind in die eigene Tasche zu wirtschaften, dass man jeden Sinn für die Realität der Menschen im Lande verloren hat.

Ein Land dessen politische Entwicklung inzwischen mit riesigen Schritten um 70 Jahre zurückgeht.

Wo man sich fragen muss, wie lange es noch dauert bis man wieder die monotonen Klänge des Stechschrittes hört, wie lange noch bis wieder die „Heil" Rufe durchs Land schallen.

Ein Land in dem die heranwachsende Generation in einer kleinen durch die Medien injizierten Traumschubladen-Welt lebt in der jeder beim Eintritt eine rosarote Brille bekommt. In dem die junge Generation, die ja eigentlich die Zukunft des Landes darstellen sollte ausschließlich damit beschäftigt ist in internationalen Bildungsvergleichen weiter abzusinken, zur nächsten Party zu hetzen und so oft wie möglich die Götter des Konsums zu ehren.

Es ist für mich an der Zeit mit diesem Land abzurechnen, zu sagen was in diesem unserem Lande nicht stimmt und wo der Schuh nicht nur drückt sondern dem Fuß schon das Blut abschnürt.

Dieses Buch soll kein politischer Aufruf sein, keine Proklamation sondern lediglich den Effekt der „Snooze"-Taste am Radiowecker haben. Man kann sich ab und zu wieder mal wecken lassen………

……….wenn man will!

Von Politikern, Managern und Menschen

Eine Reise durch die deutsche Politik,
Wirtschaft und was der brave Deutsche davon
hält.

Ich bin immer wieder erfreut darüber zu sehen, wie viel Unverständnis, ja sogar Hass man erntet, wenn man offen seine Meinung über Deutschland sagt und noch nebenbei von dem Vorhaben erzählt, auswandern.

Wenn mir jemand, der nie im Ausland gelebt hat (mal abgesehen von 2 Wochen Ballermann oder 4 Wochen "Erlebnisurlaub" in den Anden o. ä.) sagen will, dass hier in Deutschland ja alles nicht schlimmer ist, als anderswo auf dieser Welt und das es in anderen Ländern auch nicht besser ist bekomme ich Lachkrämpfe.

Ich habe selbst beinahe 10 Jahre lang in Nordamerika gelebt, bin aus Familiären Gründen zurückgekommen und werde nächstes Jahr wieder zurück nach Kanada gehen.

Nur wer selbst längere Zeit im Ausland gelebt hat erhält wirklich diesen "Kulturschock" wenn er nach einem Auslandsaufenthalt nach Deutschland zurückkehrt.

Was haben wir denn in Deutschland?

Dieses Buch ist meiner Meinung nach längst überfällig und die Reaktion der Menschen, die ich in verschiedenen Onlineforen darauf ansprach bestätigt diese Aussage.

Es muss doch möglich sein endlich aufzuwachen und zu sehen, dass in diesem unserem Lande mehr schief läuft als man sich zu sagen wagt. Das sich unser Land auf einer steilen Talfahrt befindet und das die Bremsen vor langer Zeit schon versagt haben.

Neben meinen ganz persönlichen Meinungen will ich an dieser Stelle auch Beispiele aufzeigen, wie es den Menschen in unserem Land ergeht und vielleicht etwas Verständnis für diejenigen bewirken, die den Schritt in eine neue ungewisse Zukunft wagen und auswandern.

Und denjenigen, die sagen, Deutschland sei auch nicht schlimmer als andere Länder und hier sei ja nicht alles schlecht, die aber selbst nie irgendwo anders gelebt haben gebe ich folgenden Rat.

Geht mal für ein Jahr nach Kanada, in die USA, nach Neuseeland, nach Australien oder Mittelamerika.

DANN erst könnt ihr etwas dazu sagen! Aber dann werdet ihr diese Meinung mit Sicherheit nicht mehr vertreten.

Die Deutsche Regierung (egal welcher Coluer) zerstört das ganze Land systematisch. Seit 25 Jahren wird alles schlimmer statt besser. Im Verlauf meines Lebens in den USA bekam ich immer wieder zu hören wie schön es doch sein muss in Deutschland zu leben.

In einem Land in dem die soziale Absicherung so perfekt sei, dass es schwer zu verstehen wäre aus diesem Land überhaupt auszuwandern.

Was ist denn von dieser sozialen Absicherung geblieben?

Beispiel Arbeitslosenversicherung –

Wie kann es sein, dass ich jahrelang in eine Versicherung einbezahle und eben diese Versicherung   mir dann wenn ich sie in Anspruch nehmen muss erzählt ich würde kein Geld erhalten, weil der Verdienst meiner Frau zu hoch ist oder ich ein Auto habe?

Ist es nicht Sinn einer Versicherung einzutreten wenn der Fall vorliegt für den sie abgeschlossen wurde?

Wenn ich eine Unfallversicherung gründe und fleißig Policen verkaufe, den Kunden dann aber wenn sie einen Unfall erleiden sage – Moment mal, Es ist Deine eigene Schuld, dass Du bei dem Weg zum Einkauf diesen Unfall hattest. Du hättest schließlich früher gehen können,   dann wäre Dir der Unfall nicht passiert.

In diesem Fall würde man mich vor Gericht ziehen und wegen Betruges verurteilen. Aber die heutzutage angewandte Praxis der Arbeitslosenversicherung tut aber genau das und niemand kann wirklich etwas dagegen tun.

Beispiel Rentenversicherung –

Die einst so sicheren Renten sind heute alles andere als sicher. Wo seinerzeit noch mein Opa sich auf seine wohl verdiente Rente freuen konnte, müssen heute die meisten Rentner mit Zitternden Knien in die Zukunft sehen.

Die Rentenkassen sind leer, das Geld verwendet um den Aufbau Ost zu finanzieren und Haushaltslöcher zu stopfen.

Das die gesetzliche Rente heutzutage nicht mehr ausreicht um den Lebensunterhalt zu decken ist kein Geheimnis mehr. Die als Antwort hierauf eilig umgesetzte Riester Rente stellt aber auch keine wirkliche Alternative dar. Und diejenigen die ab dem nächsten Jahr eine Lebensversicherung zur Rentenverbesserung abschließen werden sich an dem unerbittlichen Staatlichen Zugriff erfreuen können.

Wo einst noch die Renten an die steigenden Lebenshaltungskosten angepasst wurden droht unseren Rentnern in den nächsten Jahren sogar eine Minusrunde. Da die erwarteten Lohnerhöhungen die 0,6% Marke wohl kaum überschreiten werden und bei den Renten noch der entsprechende so genannte Nachhaltigkeitsfaktor und der Riesterfaktor abgezogen wird, bleibt unseren Rentnern wohl kaum etwas anderes übrig als den Gürtel noch enger zu schnallen.

Im September dieses Jahres unterschritt die so genannte Schwankungsreserve erstmals die 20% Marke. Das bedeutet, dass die Rentenversicherer nur noch im Stande wären 20 Tage lang Renten auszuzahlen.

Um die Zahlung der Renten für die nächste Zeit zu sichern haben Rentenversicherer nun vor Wohnungen und Grundstücke im Wert von 2,1 Milliarden Euro zu verkaufen.

Wenn auch dieses Geld aufgebraucht ist wären die Rentenkassen dann auf Bundeszuschüsse als Liquiditätshilfe angewiesen. Doch woher sollen diese Bundeszuschüsse kommen?

Das Haushaltsdefizit wird mit jedem Jahr größer und eine Besserung dieses Zustandes ist nicht einmal annähernd in Sicht.

Abhilfe hätte hier wenigstens teilweise die LKW Maut schaffen können. Doch dank des üblichen Partei- und Wirtschaftsklüngels hat sich die Bundesregierung von einem Termin zum nächsten vertrösten lassen und wartet noch heute auf die Systeme durch die schon seit einem Jahr Geld in die Haushaltskasse hätte fließen sollen.

Beispiel Krankenversicherung –

In den vergangenen 50 Jahren hatte Deutschland eines der besten und angesehenen Krankenversicherungssysteme der Welt.

Noch in den 90´er Jahren wurde ich dafür in den USA etwas blauäugig beneidet weil es in Deutschland eine Pflichtversicherung gibt.

Doch was ist von dieser Versicherung geblieben?

Der Einzige wirkliche Unterschied war und ist jedoch, dass es dort keine Verpflichtung zum Abschluss einer Krankenversicherung gibt. Vielmehr ist es jedem selbst überlassen, eine solche abzuschließen. Wer dies nicht tut, der sieht sich über kurz oder lang horrenden Kosten entgegenstehen.

Während meiner Zeit in den USA habe ich eine Krankenversicherung abgeschlossen die mich ca. 4,5% weniger kostete als eine gesetzliche Versicherung hier bei uns.

Der Unterschied bestand darin, dass ich dort keine Praxisgebühr, keine Rezeptgebühr, keinen Tagessatz für Krankenhausaufenthalte zahlen musste und auch Zahnersatz keinerlei Zuzahlung bedurfte sondern in den Leistungen der Versicherung mit eingeschlossen war.

Dies mag sich in Teilen heute durch die in den letzten Jahren in der USA herrschende Regierung geändert haben.

Man kann sich jedoch sicher sein, dass diese Änderungen wieder rückgängig gemacht werden, sobald eine andere Regierung im Weißen Haus ist.

Und das ist einer der größten Unterschiede zwischen der Politik der USA und der in unserem „schönen" Lande - werden durch eine Regierung augenscheinliche Fehlentscheidungen getroffen, so scheut sich die nächste Regierung nicht diese Fehler rückgängig zu machen und „alte Zustände" wieder herzustellen.

Bleibt die Frage, warum wir den Sozialabbau immer schneller vorantreiben und grundsätzlich dazu neigen „Das Pferd von hinten aufzuzäumen".

Beispiel Schwarzarbeit –

Das die Zahl der Schwarzarbeiter in Deutschland inzwischen astronomisch ist kann (und will) niemand abstreiten. Doch was führt dazu?

Wenn sich kleine und mittlere Betriebe keine Festangestellten mehr leisten können, weil die Lohnnebenkosten in Deutschland astronomisch sind dann kann ich jeden Firmeninhaber verstehen, der Schwarzarbeiter beschäftigt.

Wenn ich mir die Überreste der Arbeitslosenversicherung und die Lebenshaltungskosten ansehe, kann ich jeden verstehen der versucht sich ein paar Euro hinzuzuverdienen.

Das Problem besteht nicht darin, dass wir alle zu faul sind um zu arbeiten. Es besteht nicht darin, dass wir alle über so viel kriminelle Energie verfügen, dass wir den Staat bei jeder Gelegenheit zu bescheißen versuchen.

Das Problem besteht darin, dass es in diesem Land kaum noch möglich ist den Lebensunterhalt mit einem Job zu bestreiten. Sucht man sich aber eine zweite Arbeitsstelle muss man weit über 50% des verdienten an Vater Staat geben, was einem dann die Laune endgültig vermiesen kann.

Wer rackern muss als gäbe es kein morgen um seine Familie zu ernähren und sich mehrere Jobs sucht um seinen Kindern ein einigermaßen vernünftiges Leben zu ermöglichen wird vom Staat genau hierfür noch bestraft.

Was aber unternimmt der Staat gegen die Schwarzarbeit?

Er stellt zusätzliche Zollbeamte an, die jetzt systematisch Jagd auf Schwarzarbeiter und deren „Chefs" machen. Wie viel vernünftiger wäre es hier die Finanzpolitik umzustellen, das Finanzsystem neu zu strukturieren und so die Lohnnebenkosten zu senken.

Ich spreche hier nicht von Firmen, die sich Kolonnenweise Arbeiter aus Polen oder anderen Ländern holen um diese dann für €2,50 pro Stunde arbeiten zu lassen.

Ich spreche von den unzähligen kleinen Baufirmen, Handwerksbetrieben und Gastronomiebetrieben die ohne Schwarzarbeiter aufgeschmissen sind weil sie sich „normale" Angestellte nicht leisten können.

Gerade in der Gastronomie ist Schwarzarbeit nicht nur ein seltenes Phänomen sondern eine allgemein übliche Erscheinung. Verpächter, Brauereien und vor allem Vater Staat zwingen Wirte förmlich dazu ihre Bedienungen „unterm Tisch" zu bezahlen, da sie diese sonst gar nicht anstellen könnten.

Und warum arbeiten denn so viele Arbeitslose nebenbei; Gerade in der Gastronomie und im Baugewerbe?

Weil sie von ihrer Arbeitslosenhilfe leben wie die Könige und sich von der Schwarzarbeit den vierten Porsche kaufen wollen?

Oder weil sie mit dem was sie an Unterstützung erhalten kein Auskommen haben?

Meist kommt dann die Aussage, dass man schließlich einen Job findet, wenn man wirklich arbeiten will.

Dieser Spruch, den bereits mein Vater in den Siebzigern oft von sich gab, mag ja zu dieser Zeit noch zutreffend gewesen sein. Heute sieht die Situation jedoch völlig anders aus.

Was wollen unsere Betriebe denn heute? Wenn ich mir die Stellenanoncen in den Zeitungen ansehe müsste ich eigentlich lachen wenn es nicht so traurig wäre.

Wenn ich mich als Arbeitsloser auf eine Stelle bewerbe werde ich beim Vorstellungsgespräch, sofern es überhaupt zu einem kommt, auseinander genommen. Mein Alter, meine Persönlichkeit, meine Einstellung, mein Privatleben – all das zählt viel mehr als das was ich leisten kann.

In den letzten Jahren konnte man eine drastische Verschärfung der Fragen in Vorstellungsgesprächen feststellen. War ich im Verlauf meines beruflichen Werdegangs arbeitslos, gelte ich als Schmarotzer. Habe ich aber über einige Zeit verschiedene befristete Stellen angenommen um nicht auf Staatskosten zu leben, dann werde ich als anpassungsunfähig, wechselhaft und launisch abgestempelt.

Bei Frauen ist das ganze Spiel noch etwas härter. Allein die Frage des Alters entscheidet bei Frauen meist über die Ablehnung.

Das paradoxe hierbei ist, dass es eigentlich egal ist wie alt die Bewerberin ist, da sie ohnehin abgelehnt wird.

Ist sie unter 40, also noch „im gebärfähigen Alter" stellt man sie nicht ein weil sie ja immerhin ein Kind bekommen könnte und somit ausfällt. Ist sie aber über 40 stellt man sie nicht ein, weil sie zu alt für die zu besetzende Stelle ist.

Immer mehr wird das Privatleben der Bewerber als Auswahlkriterium verwandt. Eigentlich sollte es um Dinge wie berufliche Führung, Kompetenz, Können und Leistung gehen und nicht darum was man abends unternimmt oder wie oft man seine (n) Partner wechselt.

Bist Du unter 35 bist Du (meist) zu jung, bist Du dann über 35 wieder meistens zu alt.

Hast Du wenig Erfahrung bist Du nicht qualifiziert genug, hast Du viel Erfahrung, bist Du überqualifiziert. Allein das Wort ist eine der besten Stilblüten der deutschen Sprache finde ich.

Bist Du ein Mann bist Du infarktgefährdet (also Risiko), bist Du eine Frau könntest Du ja noch Kinder bekommen (auch ein hohes Risiko).

Was wollen deutsche Personalchefs eigentlich?

Ein geschlechtsloses Wesen, das das Abi mit astronomischen 15 Jahren bestanden hat, dann bis zum 25 Lebensjahr gearbeitet hat, ohne jedoch sich dabei zu intensiv zu qualifizieren.

Nicht zu vergessen, das besagtes Wesen sich, abgesehen von der zu leistenden Arbeit, auf dem geistigen Niveau einer Bachforelle befinden muss, damit es nicht aufmuckt gegen Mobbing am Arbeitsplatz, unbezahlte Überstunden, und sonstige nette Alltäglichkeiten des deutschen Berufslebens.

Doch zurück zur Regierung. Unsere Volksvertreter haben jeden Sinn für die Realität auf deutschen Strassen verloren.

Das könnte natürlich an den Diäten liegen, die sie sich mit erschreckender Regelmäßigkeit selbst erhöhen. Mal ehrlich – wir haben diese Leute gewählt und sie beziehen ihr Geld von unseren Steuergeldern.

Da wir ihnen ihren Job gaben und sie von unserem Geld leben sind wir quasi ihre Chefs. Was aber würde passieren, wenn ein Buchhalter zu seinem Chef geht und sagt „Ab morgen überweise ich mir jeden Monat 1000 Euro mehr Gehalt"?

Die Realitätsferne kann natürlich auch daran liegen, dass unsere Politiker sich neben ihren Pflichten als Volksvertreter noch in diversen Aufsichtsräten und Vorständen vergnügen. In diesen findet man nicht gerade den deutschen Durchschnittsbürger.

Wenn sich unsere Regierung seitens der Tollcollect von Termin zu Termin vertrösten lässt und dabei ruhig zusieht wie Millionen ja Milliarden an Steuergeldern ausfallen so liegt das wahrscheinlich an der engen Verbindung zwischen beiden.

Wie sagte meine Oma immer „Eine Krähe hackt der anderen kein Auge aus".

Wenn sich Millionenschwere Politiker, die sich an unseren Steuergeldern bereichern, nebenbei noch Geld aus diversen Positionen und Geschäften beziehen vor die Kameras stellen und fordern das der Durchschnittsbürger den Gürtel enger schnallen muss, ist etwas grundlegend falsch in unserem Land.

Wenn dann zu guter letzt ebenfalls millionenschwere Gewerkschaftsbosse wieder mit selbstzufriedenem Lächeln im Gesicht verkünden sie haben 1,5% mehr Lohn „rausgehandelt" dann ist dies ebenfalls ein Zeichen dafür, dass etwas grundlegend falsch läuft.

Die Frage die mich brennend interessieren würde ist ob all diese Millionenverdiener denn ihr Geld auch schön brav bei uns angelegt haben oder ob die meisten der Millionen im Ausland schlummern und Zinsen bringen?

Angesichts der deutlich erkennbaren Gier unserer Politiker, Gewerkschaftler und Manager braucht man nicht lange darüber nachzudenken, ob sie ihr Geld auf deutschen Sparbüchern angelegt haben, die kaum Zinsen bringen.

Heute noch Geld auf einem Sparbuch anzulegen ist genauso unsinnig wie es zu verschenken. Die Zinsen auf den für Otto Normalverbraucher überall leicht zugänglichen Anlagemöglichkeiten sind in Deutschland so lächerlich das man das Geld auch in eine Keksdose legen und auf eine wundersame Vermehrung hoffen kann.

Wenn ein Konzern wie Mercedes von seinen Mitarbeitern Opfer verlangt und die Manager sich nach langen Protesten dazu bereit erklären in 2005 auf ihre Gehaltserhöhung zu verzichten gehen alle Protestierenden wieder brav an die Arbeit. Schließlich haben sie ja etwas erreicht.

Wenn sich aber die Gesamtvergütung des Vorstandes auf 40 Millionen Euro beläuft, von denen alleine 6,5 Millionen auf den Vorsitzenden entfallen (offizielle Zahlen) dann ist es schwer verständlich wie die Arbeiter sich nun beruhigt zurücklehnen können.

Deutsche Vorstandsmitglieder verdienen bis zum 200fachen eines Facharbeitergehalts und der gierige Blick über den Atlantik nach den dort höheren Managementgehältern lässt sie sich weiter die Gehälter erhöhen.

Das dort allerdings gänzlich unterschiedliche Voraussetzungen gelten wird dabei völlig außer Acht gelassen.

Der Grossteil der Kleinaktionäre lässt sich in den Hauptversammlungen von Banken und Interessengemeinschaften vertreten.

In den Aufsichtsräten sitzen Banken, Versicherungen und andere Unternehmen als Vertreter der Aktionäre. Das Ergebnis sind Seilschaften und Absprachen: Nach dem Motto „Eine Hand wäscht die andere" genehmigt man sich gegenseitig immer höhere Gehälter.

Soviel zum Thema das Gehaltserhöhungen von Vorstand und Management schließlich seitens der Aktionäre genehmigt werden.

Leben in diesem Land denn wirklich noch Menschen die glauben, dass Arbeitgeberverbände und Gewerkschaften tage- ja wochenlang über ein oder 2 zehntel Prozentpunkte verhandeln? Vertreter beider Interessengemeinschaften sind bekanntlich Millionenschwer und es ist wohl kaum wahrscheinlich, dass „bis aufs Blut" gekämpft wird.

Wer glaubt denn noch ob es einen Millionär interessiert was der kleine Mann auf der Straße verdient?

Über Urabstimmungen, Warnstreiks und nette Statements wird dem kleinen Gewerkschaftsmitglied jedoch genau dies vorgegaukelt. Schließlich haben sich Deutschlands Gewerkschaften seit dem Krieg jahrzehntelang mit diesen Mitteln für den Arbeitnehmer eingesetzt und dieses Bild muss nach Außen hin weiter bestehen.

In diesem Sinne ist auch die Verlegung ganzer Unternehmen ins Ausland (da man dort ja erheblich billiger produzieren kann) verständlich.

Schließlich kann es einem Manager egal sein ob in Deutschland einige tausend Arbeitslose die Statistik weiter nach oben treiben. Die Waren können ja schließlich auch im Ausland verkauft werden und alleine das ist wichtig um sich selbst das Gehalt wieder erhöhen zu können.

Beispiel Opel –

Die General Motors Tochter war in den letzten Wochen immer wieder in den Schlagzeilen. Seitens der deutschen Presse wird dem US Management krasses Fehlverhalten vorgeworfen. Was aber ist mit unseren Managern?

Die deutsche Management Riege hat sich absolut nicht mit Ruhm bekleckert und es kann ihr auch egal sein, ob nun letztendlich fünf oder zehntausend Arbeiter ihre Stelle verlieren.

Sie haben ihr Schäfchen im Trockenen und es kümmert sie wenig ob ein paar tausend Familien demnächst auf staatliche Unterstützung angewiesen sind.

Die Haltung der amerikanischen General Motors ist zunächst durchaus plausibel.

Wenn ich mehrere Firmen besitze und eine dieser Firmen nicht rentabel ist habe ich zwei Möglichkeiten. Entweder ich entlasse Mitarbeiter um Kosten zu sparen oder aber ich schließe die gesamte Firma um mich des „Klotzes am Bein" zu entledigen.

Es gibt genügend Beispiele in der globalisierten Welt, in Europa, in Asien und in Amerika wo uns vorgemacht wird wie man erfolgreich Unternehmen führen kann und Ziele verwirklicht, die bei den meisten deutschen Unternehmen Tränen in die Augen steigen lassen da diese unerreichbar sind.

Doch wenn man diese Beispiele anbringt, so werden sofort mit akribischer Euphorie Negativbeispiele gesucht an denen man sich dann getreu dem Motto „uns geht es ja gar nicht so schlecht" hochziehen kann.

Richtig ist, dass es in anderen Ländern auch Firmen gibt, deren Management noch schlechter ist als bei uns und die dementsprechend noch schlimmer dastehen als unsere Firmen aber am Beispiel Opel wird wieder einmal deutlich, dass unsere Manager einzig und alleine im Job sind um in die eigene Tasche zu wirtschaften und nicht etwa aus Leidenschaft zur Firma oder zum Job.

Weder bei Opel noch bei Quelle Karstadt wird auch nur ein einziger Manager in eine finanzielle Notsituation geraten.

Wie auch in der Politik so werden in Managementkreisen die eigenen Nachfolger „herangezüchtet". Was unserer Wirtschaft aber fehlt, dass sind junge und dynamische Manager die mit Eifer und dem Wunsch und nötigen Tatendrang etwas zu verändern und die Wirtschaft wieder anzukurbeln an die Arbeit gehen.

In den meisten der deutschen Vorstände tummeln sich mehrere hundert Jahre an Erfahrung – Erfahrung darin die eigenen Taschen voll zu stopfen und Betriebe ins wirtschaftliche Chaos zu stürzen.

Und sollte mal etwas wirklich gravierend schief gehen, so wurde bis dato bereits genug Geld beiseite geschafft damit betreffenden Managern so etwas wie der Mannesmann Prozess nicht mal eine einzige schlaflose Nacht bereiten muss.

Diese Mentalität ist es, die unsere Wirtschaft weiter und weiter in den Ruin treibt.

Diese Mentalität ist der Grund warum Deutschland als Wirtschaftsnation von einer der führenden in der Weltwirtschaft zum bemitleideten und belächelten Mitläufer degradiert wurde.

Medien, Jugend und Volksverdummung

Von Konsumfreudigen Teenagern, Machern
Mode und Medien.

Wir sind in der ausdrücklich glücklichen Lage einer Spaßgeneration beim Heranwachsen zusehen zu dürfen. Unsere Kids werden systematisch zu braven, angepassten „Ja"-sagern erzogen.

Leider bleibt die Erziehung heute meist den Medien und der Schule überlassen, da sehr oft beide Elternteile arbeiten müssen um den Kids das bieten zu können, was ihnen die Medienindustrie vorschreibt.

Ein Teenager der heutzutage keinen eigenen Computer, Videospiel und Fernseher, am Besten mit DVD Player und das neuste Handy hat, ist von der gleichaltrigen Außenwelt abgeschnitten und wird kaum noch akzeptiert.

Bei uns wird eine auf die Jugend gezielte Medienmaschinerie betrieben wie sonst nirgends. Natürlich gelten Jugendliche auch in anderen westlichen Ländern als sehr attraktive Zielgruppe, da sie mit ihrem Geld weitaus fröhlicher um sich werfen als Erwachsene. Bei uns jedoch sind Jugendliche inzwischen zur Zielgruppe No 1 geworden.

Es wird den Kids von klein auf eingetrichtert, dass man dies tragen, das kaufen und jenes besitzen muss um cool zu sein, um geil auszusehen, um dazu zu gehören.

Aber wozu muss man gehören? Zur Gruppe derer die sich an allem orientiert was die Medien gerade wieder ausspucken, zu denen die sich an alles halten was ein schlauer Konzern gerade wieder auf den Markt wirf?

Muss man wirklich zu denen gehören, die sich wie ein Wetterfähnchen in den Wind der Medien drehen und sich allem anpassen?

Muss man sich überhaupt bis zu einem Level anpassen bei dem man sich selbst aufgibt? Wenn unsere Teens ohne Schlaghosen, ohne Clownsschuhe ohne Handy nicht mehr akzeptiert werden weil sie ja anders sind, dann hat die Medienmasche gewonnen.

Und die Eltern spielen brav mit – denn schließlich soll das Kind ja dazugehören, mitreden können und akzeptiert werden.

Warum werden unsere Kinder nicht mehr für das akzeptiert was sie sind, sondern nur für das was sie zu sein scheinen?

Weil die Medien es so diktieren und die Erwachsenen es ihnen vorleben.

Wir leben in einer Gesellschaft, die Individualität verpönt und in der eigenständig denkende Menschen ausgestoßen werden. In einer Gesellschaft der es nur wichtig ist akzeptiert zu werden; Um jeden Preis.

Alles andere ist nebensächlich.

Wenn man sich heutzutage an den Schulen umsieht bemerkt man ziemlich schnell, dass man im Grunde nur wenige Grüppchen vor sich hat. Die meisten Mädchen laufen mit langen glatten oder kürzeren leicht gelockten Haaren rum – Schlaghosen bei denen man (bei fehlender Rasur) schon den Schamhaaransatz sehen kann, tief hängende Rucksäcke und knappe Tops bestimmen das Bild.

Bei den Jungs dreht sich alles um Hosen, die nur noch von den vorderen Extremitäten oben gehalten werden.

Über allem schwebt die Anpassung. Man will ja so rumlaufen, weil die anderen es ja auch tragen. Und schließlich will man ja nicht dadurch auffallen, dass man anders rumläuft als die breite Masse.

Fehlende Akzeptanz, gemieden werden und ein häufiges „Wie läufst Du denn rum" wären die Folgen.

Unsere Kinder haben ein einziges Problem – sie müssen dazugehören. Ist dies nicht der Fall sehen sie sich selbst als minderwertig und ihre Eltern als gemeine Spinner die ihnen das Leben versauen wollen, weil sie ja schließlich daran schuld sind das das arme Kind nicht akzeptiert wird.

Natürlich muss heutzutage auch jedes Kind mit einem Handy ausgestattet sein. Hat man keins gilt man gleich als uncool (es lebe die Werbung).

Nachmittags sieht man dann unsre Spaßgeneration in kleinen Grüppchen mit Handys bewaffnet in den Städten herumziehen.

Sinnvolle Freizeitgestaltung ist out — Vereine sind blöd, Hobbies etwas für Deppen.

Der Sinn des Lebens besteht darin durch die Städte zu schlurfen, auf Parkplätzen oder in Einkaufszentren rumzulungern und sich gegenseitig SMS zu schreiben.

Auch zu unserer Zeit (und das ist gerade mal 20 Jahre her) gab es Mode und Trends aber der Zwang sich diesen anzupassen war bei weitem nicht so real und groß wie heute.

Von allen Seiten rieseln heute die absolut verpflichtenden Trends auf unsere Kids nieder und die tun alles um sich schnellstmöglich anzupassen.

Der Starkult tut sein übriges — wer nicht so rumläuft wie diese unglaublich talentierten neuen Stars, die aussehen als hätten alle die gleichen Eltern oder wären im gleichen Labor geklont worden, und versucht diesen nachzueifern der hat bei der breiten Masse der Teens keine Chance.

Dabei wird den Kids dann noch seitens der für sie geschaffenen Medien vorgegaukelt, dass diese so genannten Stars natürlich „wirklich" auf dieses oder jenes stehen und sich in diese oder jene Richtung entwickeln, weil das ja das ist was sie schon immer machen wollten.

Unsere Kids schlucken die Info, dass ein gerade mal 18 jähriges Mädel Plattenbossen, Managern und Konzernen vorschreibt wie sie gerade rumlaufen will, was sie singen will und das sie ja alles machen kann was sie will.

In Wirklichkeit sind diese ach so coolen Superstars Marionetten die sich an das halten müssen, das sagen dürfen und das tun müssen was ihnen das Management vorschreibt.

Die Plattenbosse wissen um den Starkult (sie haben ihn ja schließlich geschaffen) und nutzen diesen voll aus. Wenn man die heutigen so genannten Stars ansieht, bemerkt selbst ein

Blinder dass sie alle von den gleichen Eltern stammen könnten — so werden die Vorbilder unserer Teens in ein bestimmtes Image gepresst um angepasst zu sein an das was gerade cool und in ist.

Angepasst an das, was die Firmen vermarkten wollen. Und unsere Kids schlucken diese Dinge selbstzufrieden und glücklich.

Seit Jahrzehnten gibt es in den Jugendzeitschriften immer wieder entsprechende Beraterteams die den Kids in allen Lebenslagen beistehen.

Liest man sich diese Ratschläge heute durch fällt einem wirklich nichts mehr ein.

Wenn ein 12 jähriges Mädchen schreibt ob Selbstbefriedigung mit der elektrischen Zahnbürste gefährlich ist frage ich mich wann die Kids in 10 Jahren mit dem Sex anfangen wollen.

Ein 14 jähriges Mädchen fragt ob sie eine Schlampe sei weil sie schon mit 9 Jungs geschlafen habe.

Die Antwort darauf; „Es ist ok wenn Du das tust, denn schließlich muss jeder selbst wissen wie viele Sexpartner er oder sie haben will."

Diese Aussage ist zwar grundsätzlich richtig aber man sollte immerhin das Alter der fragenden bedenken. In Nachmittagstalkshows tummeln sich 14- und 15jährige die über ihre Beziehungskrisen reden. Statt den Kids zu sagen sie sollen erst mal ihre Schule zu Ende bringen da die ja immerhin der Grundstein für das restliche Leben ist wird eifrig mit ihnen diskutiert.

Mal ehrlich – kann denn niemand seinem Kind begreiflich machen, dass es nach der Schule noch mindestens 40 Jahre Zeit hat jeden tag Sex zu haben wenn es denn sein muss.

Man muss doch nicht mit 16 schon mehr Kilometer geschrubbt haben als ein 20 Jahre alter Wagen.

Wenn man den Umgang mit Sex in unserem Lande erlebt braucht man sich nicht zu wundern, dass wir von allen westlichen

Industrienationen den höchsten Anteil an jugendlichen Schwangerschaften haben.

Als ich in der 9. Klasse war (1984) wurde eine meiner Klassenkameradinnen schwanger. Das war seinerzeit noch ein Thema über das die ganze Stadt sprach – heutzutage freut man sich schon, dass es wenigstens erst so spät passiert ist.

Schule ist für unsere Kids genauso ein verhasstes Wort wie Arbeit. Die meisten wissen in der 9. Klasse nicht einmal was sie werden wollen.

Einige Wochen vor dem anstehenden Praktikum stehen unsere Kids ratlos und wissen nicht in welchem Beruf sie das Praktikum absolvieren sollen. Oder wird ein Beruf ausgesucht (wie z. B. Kindergärtnerin), bei dem man, nach Meinung der Kids, ja mittags schon wieder Feierabend hat.

Wenn potentielle Arbeitgeber von ihren Lehrstellenbewerbern auf die Frage wie viel Liter denn in einen großen Eimer passen die

Antwort „1000 Milliliter" und auf die Frage nach dem Bundespräsidenten ein „Äääähm" erhalten dann ist dies, besser noch als Pisa, ein deutliches Zeichen dafür, dass mit unserem Bildungssystem etwas nicht stimmt.

Zum Thema Pisa nachher noch etwas mehr.

Die junge Spaßgeneration - Kids die ihr Hauptziel darin sehen mehr zu haben als der Nächste, sich nur um die Zugehörigkeit zur breiten Masse zu sorgen, am Wochenende am besten in der Disco zu übernachten.

Vor gar nicht allzu langer Zeit wurde noch darauf geachtet, wie lange sich unter 18 jährige in Discos aufhalten, wurde noch drauf geachtet ob sie Alkohol trinken, in welchen Mengen und welche Art von Alkohol.

Heutzutage ist dies alles egal, die Kontrollen sind sporadisch und widerwillig. Ob unsere Teens betrunken nach Hause torkeln kümmert kaum noch jemand.

Eine befreundete Mutter sagte mir vor kurzem sie könne ohnehin nicht dagegen unternehmen wenn ihr 13jähriger Sohn nachts um 4 betrunken nach Hause kommt. Er lasse sich von ihr nichts mehr sagen.

Wenn ich damit anfangen will einem Jugendlichen Grenzen zu setzen nachdem ich ihm 13 Jahre lang das Meiste durchgehen ließ dann bringt dies nicht sehr viel. Wir können auch heute noch als Eltern unseren teil tun, damit unsere Kids sich ihrem Alter entsprechend benehmen und das bedeutet auch sich fügen. Aber wir müssen damit anfangen bevor sie in die Pubertät kommen, nicht mittendrin.

Die junge Spaßgeneration?

Der Spaß wird sich ziemlich schnell wandeln, wenn sie erst mal mehrere Jahre lang am eigenen Leib erlebt haben, was es heißt einen Job zu suchen, vom Staat abhängig zu sein, einen ganzen Monat dafür zu arbeiten, dass der Staat weit mehr als die Hälfte des Gehalts einsteckt.

Dann wird die Realität sie treffen und es wird ein harter Schlag werden.

Aber ist die Ältere Generation eigentlich daran interessiert?

Die Mehrheit der Deutschen schluckt genauso brav wie unsere Kids alles, was ihnen seitens der Medien vorgesetzt wird.

Ich sehe die Gesichter unserer Politiker förmlich vor mir, wie sie breit grinsend an ihren Schreibtischen sitzen und sich darüber freuen,

worüber bei Feten, an Stammtischen und anderen privaten Treffen das Gros der deutschen Bevölkerung diskutiert.

Ist es denn wirklich so extrem wichtig ob Ulli, Klaus oder Rainer als nächstes aus dem Kameraüberwachten Wohncontainer fliegen?

Besteht unser Lebensinhalt daraus über diverse Superstaranwärter zu urteilen?

Wie öde muss ein Leben sein, wenn man sich stundenlang darüber auslassen kann, ob Britney nun weiße oder rosa Höschen trägt und ob die Bewerberin bei eine Kuppelshow besser getanzt hat oder die andere?

Wie gesagt, unsere Politiker freut´s bestimmt – denn wer so extrem mit diesen absolut lächerlichen Themen beschäftigt ist,

der hat keine Zeit mehr darüber reden wie hoch die Zahl der Arbeitslosen denn nun wirklich ist – inklusive der Dunkelziffer.

Man hat keine Zeit mehr darüber zu reden, was man gegen unsere Wirtschaftliche Situation tun könnte.

Aber dieses Mediengeförderte Politische Desinteresse ist ganz nach dem Geschmack unserer Regierungen – egal welcher Coluer. Wer sein Leben mit sinnloser medialer Diarrhöe voll stopft, der ist ein wesentlich bequemerer Bürger als der, der eine eigene intellektuelle Meinung hat.

Ich kenne kein Land in der westlichen Welt (und ich hab Freunde in vielen), wo so wie in Deutschland, das Volk durch Ablenkung vom eigentlichen Sinn des Lebens geprägt und manipuliert wird, wie in Deutschland.

Trends, Mode, das Einbeziehen der Massen in so einen TV-Schwachsinn wie Realitysoaps (die ohnehin nur einem straff angelegten Drehbuch folgen) und Starsuchen wird besonders in Deutschland dermaßen hochgejubelt und von den Massen auch angenommen und durchlebt, wie nirgendwo sonst auf der Welt.

Sicher, diese Shows gibt's auch in anderen Ländern – aber nirgendwo sonst auf der Welt wird so ein derartiger Kult daraus gemacht wie bei uns. Es ist eine Scheinwelt, mit der man die Menschen beschäftigt, die eigentlich über völlig andere Dinge nachdenken sollten.

Gerade hierzulande wird eine Maschinerie betrieben, die auch unseren Jugendlichen bereits sagt, „Ihr müsst Euch nur anpassen,

Ihr müsst nur alles schlucken, was Euch von Jugendzeitschriften, Fernsehen und, und, und, angeboten wird. Ihr müsst nur ins Schema passen, dann habt ihr ein tolles Leben.

Aber es ist ein Leben in dem Du Dich selbst aufgibst, in dem Du nur auf das angewiesen bist und dem vertraust was andere tun und von Dir erwarten. Es ist eine Schande das unsere Kids heutzutage ihr Selbstwertgefühl auf Eis legen um sich völlig bedingungslos anzupassen.

Wir werden hierzulande von einer derart überwältigenden und allgegenwärtigen Medien-Meinungsmache überflutet, wie in keinem anderen westlichen Land.

Nirgendwo sonst ist die Verpflichtung zur Anpassung an die Masse (sei es durch das was man sieht, was man anzieht, was man tut und sagt) derart extrem wie bei uns.

Und gerade die junge Generation wird hierzulande bereits von klein an seitens der Medien dazu erzogen, dass man sich immer schön anpassen muss.

53

Mann muss nur dies oder das tragen, das ist cool, das wird so getragen, dass muss so aussehen, die Sendung muss man einfach gesehen haben, sonst kann man ja am nächsten Tag nicht mitreden.

Individualität und eigenständiges Denken sind heutzutage in Deutschland ungeliebte, ja verhasste Fremdwörter. Wir Deutschen waren bereits in den 30´er Jahren des vergangenen Jahrhunderts ein Volk der „ja" - sager und wir werden wieder dazu erzogen.

Daran änderten auch die derzeitigen Hartz4-Proteste nichts. Denn nachdem sich einige Wochen nicht getan hat, gingen all die netten Demonstranten wieder brav auf ihre Couch und vor den Fernseher – aber mit dem guten Gefühl, es versucht zu haben.

Schafe folgen auch ganz brav eines dem anderen, auch wenn's zum Schlachter geht.

Ein "Leben", wie es merkwürdigerweise für den deutschen "Otto-Normalverbraucher" so erstrebenswert ist, das nur aus stetiger, stupider gelangweilter Arbeit, regelmäßigen Discobaggerexzessen und dem schuften für den Urlaub in der Türkei oder Mallorca oder den Kanaren mit den Zielen

„Hauptsache ich war da, hab gefeiert, an den Strand gekotzt hab wild um mich gefickt und kann mit allem angeben" besteht, das kann man nicht wirklich Leben nennen.

Das ist wie das Dasein einer Laborratte im Käfig, die regelmäßig kleine Leckerlis von den im Labor beschäftigten zugeworfen bekommt.

Wann habt ihr denn hier in Deutschland das letzte mal einen wirklichen Freund gefunden, einen mit dem der Kontakt auch über 10 Jahre bleibt, wenn man wegzieht oder sich nicht mehr sieht.

Es ist uns Deutschen schlichtweg unmöglich, denn alles was nicht im aktuellen Leben dazugehört und in der nahen Umgebung befindet geht unter im Sumpf der Medien und des Kampfes ums Überleben.

Da wir Deutschen so fürchterlich engstirnig und egoistisch sind und die Wahrheit nicht mal erkennen würden wenn sie uns mit einem Vorschlaghammer eingeprügelt wird, wird sich daran auch kaum etwas ändern.

Gut, es gibt Ausnahmen, die sich von der breiten Masse hervorheben, die sich Gedanken um ihre Mitmenschen machen, die nicht aus Pflichtbewusstsein und um ihr Gewissen zu bereinigen spenden oder helfen, sondern die das was sie tun und sagen wirklich meinen.

Aber dies sind halt leider nur Ausnahmen. Der deutsche Durchschnittsbürger lässt sich nur allzu gerne von der Medien Meinungsmache einlullen und lehnt sich bequem zurück. Diese Haltung wird nur zu gerne eingenommen und auch beibehalten.

Und unsere schöne Medienwelt lenkt uns von allem ab, was auch nur entfernt wichtig wäre. Ausnahme ist hierbei die neueste Version von Deutschlands immer noch beliebtestem Wohncontainer.

Hier wird man nett und „unterhaltsam" auf das vorbereitet was in Deutschland bald Alltag sein wird. Eine immer krassere Trennung zwischen den wenigen Reichen und der immer größer werdenden Zahl an armen im Lande.

Diese Trennung, der Unterschied zwischen Armen und Reichen wird sich in den nächsten Jahren noch verschlimmern. Die Armutsrate in Deutschland wird um ein Vielfaches steigen, Wenn Gesetze wie Hartz 4 bestehen bleiben, wird sich diese Entwicklung nicht vermeiden lassen.

Der Sinn bei Hartz 4 ist ja eigentlich die Menschen wieder dazu zu bewegen, eine Arbeitsstelle anzunehmen statt dem Staat auf der Tasche zu liegen. Ich frage mich nur — woher sollen die Arbeitsstellen kommen?

Es mag ja sein, dass unter den Empfängern von Arbeitslosenhilfe und Sozialhilfe eine nicht unerhebliche Anzahl Personen war, die den Empfang von Staatsgeldern einer Arbeitsstelle vorziehen.

Das Problem, dass ich bei Hartz 4 sehen ist, dass das Gesetz die Millionen Menschen benachteiligt, die Nicht diese Mentalität besitzen.

Wo keine Arbeitsstellen sind, können auch keine Arbeitsstellen besetzt werden. Hartz 4 oder 5 oder 459 – wo keine Arbeit ist, da kann ich auch keine Arbeit finden – DAS ist das Problem bei Hartz 4.Und diese Soziale Ungerechtigkeit wird in Deutschland zusehends schlimmer.

Wie immer ist das, was mich am Meisten daran stört, die Tatsache, dass Politiker die von unseren Steuergeldern leben und mit allen Zulagen etc. in einem Jahr mehr verdienen als ein ALG-2 Empfänger in 10 Jahren erhalten würde, und sagen wir müssen den Gürtel enger schnallen.

WIR müssen mit weniger Geld auskommen, WIR müssen sparen, WIR müssen für 1 Euro pro Stunde arbeiten. Was tun unsere Politiker, damit es unserem Land wirtschaftlich besser geht und damit die Staatskassen sich wieder füllen?

Braune und Fäkalien

Von der zunehmenden Sichtung freilaufender
rechtsradikaler und deren direkter
Verwandtschaft zu dem was wir normalerweise
in der Toilette hinterlassen

Nicht erst seit den Landtagswahlen in Brandenburg und Sachsen wissen wir, dass wir es in Deutschland mit zunehmendem Rechtsradikalismus zu tun haben.

Leider aber hat bis jetzt kaum einer ernsthafte Bemühungen unternommen dem einen Riegel vorzuschieben beziehungsweise, die Ausbreitung der Szene zu verhindern.

Die kläglichen Versuche diverse Gruppierungen zu verbieten oder aber zumindest einzudämmen sind an verschiedenen Ursachen gescheitert. Hierbei sind vor allem schlampiger Ermittlungen und merkwürdige Gerichtsbarkeit zu nennen.

Wie kann zum Beispiel ein deutsches Gericht eine Partei wie die NPD für nicht verfassungswidrig erklären nachdem sie sich das betreffende Parteiprogramm durchgelesen haben.

Nicht nur das, sondern auch die mangelnde Mitarbeit diverser anderer Stellen lässt die Frage aufkommen wie sehr man daran

Interessiert ist, dass diese überhaupt verboten werden.

Da ich aber auch zur Hälfte deutsch bin fange ich einfach mal hinten an, also bei den Landtagswahlen in Sachsen und Brandenburg in diesem Jahr 2004.

Die Bundesregierung hat Milliarden an Steuergeldern, Rentenmitteln und anderer Gelder in die neuen Bundesländer gepumpt.

Das ist zwar eigentlich ganz löblich, wenn man aber sieht was mit den Geldern passiert, fragt man sich ob der IQ der für die Zuteilung der Zuschüsse und Fördergelder zuständigen Beamten auf dem Level einer Krabbe ist oder lediglich für ein Dasein als Amöbe qualifizieren würde.

Logischer weise sind die deutschen Bürger über diese wundervolle Verminderung an Steuergeldern und den daraus resultierenden immer neuen Steuererhöhungen und Einsparungen im Sozialbereich sehr begeistert.

Nun mag es ja sein, dass man in den neuen Bundesländern eine größere Anzahl radikal tendierender Wähler gibt, aber der Frust wird auch bei uns im Westen nicht ausbleiben.

Die rechtsradikalen Parteien haben sich die allgemeine Unzufriedenheit zu Nutze gemacht und haben Wahlsiege errungen von denen andere Parteien nicht mal zu träumen wagen.

Damals hat man alles auf die Juden geschoben, die ja an allem Schuld waren, an der ganzen wirtschaftlichen Misere in Deutschland. Heute hat man einen neuen Sündenbock gefunden – die Ausländer sind die Bösen.

Nicht nur die, die jetzt als Asylanten ins Land kommen, nein auch die Ausländer, deren Väter seinerzeit beim Wiederaufbau geholfen haben und ohne die es die guten Jahre in den 70ern und 80ßern nicht gegeben hätte.

Die Zeit in der sich selbst ein deutscher Sozialhilfeempfänger zu fein war Mülltonnen zu schleppen.

Genau diese Ausländer sind jetzt schuld daran, dass es uns schlecht geht – behauptet jedenfalls die rechtsradikale Szene.

„Deutsche Arbeitsplätze für Deutsche", klingt doch fast wie „Deutschland den Deutschen", kennt man doch, genauso wie die guten alten Leitsätze „Arbeit macht frei" und „Deutschland, Deutschland über alles".

Die Angst der Deutschen vor den Veränderungen der Wirtschaft und damit dem Leben als solchem ist inzwischen so groß geworden, dass viele glauben dass hier nur noch eine rechtsgerichtete Regierung Abhilfe schaffen könnte.

Besonders bemerkenswert fand ich die Reaktion unserer Medien und der Politiker der so genannten etablierten Parteien auf die Erfolge der Neonazis.

Bei den Medien variierte diese zwischen bloßer Missachtung und Frechheit. Unsere Politiker waren allesamt schnell mit den Aussagen zur Hand

Es handele sich hierbei nur um eine Protestwahl, die nicht ernst zu nehmen sei und in ein paar Jahren würde sich alles wieder beruhigen.

Nett einstudiert!

Der größte Fehler den sowohl die Medien als auch unsere Politiker machen können ist der, die Sache als Banalität und einmaliges Ereignis ab zu tun und die Politiker dieser Parteien nicht ernst zu nehmen.

In einer Zeit in der sich keine der großen Parteien auch nur annähernd mit Ruhm bekleckert sind solche Vorgehensweisen mehr als nur gefährlich. Denn ein kleiner Rechtsruck kann ganz schnell zu einem Erdrutsch werden.

Man sollte annehmen, dass sich zumindest einige unserer Politiker noch an die Auswirkungen dessen erinnern können was passiert, wenn man dies nicht tut.

Aber der Mensch vergisst schnell und wir Deutsche leider schneller als andere.

Die Frage ist, ob sich überhaupt noch jemand erinnern will. Wie groß ist der Prozentsatz der Bürger und auch der Politiker die eigentlich gar nicht abgeneigt wären wenn Deutschland wieder etwas „stärker" wäre.

Wie hoch ist der Prozentsatz derer, die liebend gerne alle „Schmarotzer" aus dem Ausland auch wieder dahin schicken würden, die gerne auch unsere gleich mit „entsorgen" würden.

Ehrlich gesagt – ich will es gar nicht wissen. Das Wissen hierüber würde mir wahrscheinlich so viel Angst machen, dass ich meine Familie einpacken und sofort wieder auswandern würde.

Nun hat man ja auch oft den Spruch gehört, es wären ja hauptsächlich Jungwähler gewesen, die den rechtsextremen Parteien ihre Stimme gaben. Ich hätte da eine kleine Neuigkeit für den Vater dieses Gedankens – in 2 Jahren wird die nächste Bundestagswahl stattfinden und dann werden noch zusätzliche Jungwähler hinzukommen.

Und diejenigen, die jetzt diese Parteien gewählt haben sind bis dahin noch nicht alt genug um Führungsetagen unserer etablierten Parteien angezogen zu werden.

Ach ja, ich vergaß – es handelt sich ja hierbei nur um Wähler aus dem Osten und das wird sich ja bei einer Bundestagswahl kaum bemerkbar machen.

Hallo?? – ist noch jemand zu Hause??

Welcher unserer Politiker glaubt denn noch ernsthaft daran, dass es diese Tendenz nicht auch im Westen gibt. Je mehr arbeitslose wird bekommen, je größer die Zahl derer wird die am Existenzminimum oder sogar darunter leben müssen, je höher die Zahl der in Armut lebenden Kinder ist, je mehr Menschen sich von den etablierten verarscht fühlen..........

..........um so größer wird die zahl derer sein, die rechtsextreme Parteien wählen. Wer das nicht glaubt, den lade ich gerne zu einer Diskussionsrunde ein.

Unsere Politiker setzen alles daran den Zulauf der rechtsradikalen herunterzuspielen und lächerlich zu machen.

Diese Haltung der verächtlichen Belustigung und des einfachen Wegsehens ist es, die gerade gefährlich ist.

Kein Politiker unserer etablierten Parteien fühlt sich auch nur ansatzweise bedroht oder sieht eine Gefahr für unser Land.

Die Bereitschaft der Bevölkerung eines Landes Radikalisten zu unterstützen wächst mit der Unzufriedenheit eben jener Bürger.

Je niedriger der Bildungsstand der Bevölkerung und je größer deren Armutsrate umso größer ist die Bereitschaft zur Unterstützung radikaler Gruppen und Parteien.

Das ist eine der Ursachen für das Abschneiden der rechtsradikalen Parteien bei den vergangenen Landtagswahlen. Die Zahl der Arbeitslosen und Sozialhilfeempfänger ist in den neuen Bundesländern noch höher als im Westen – noch.

Die Änderungen die im Januar 2005 kommen werden, werden ihr übriges dazu tun diese Bevölkerungsschicht auf beiden Seiten der ehemaligen Grenze stetig anwachsen zu lassen.

Wenn man sich den durchschnittlichen Bildungsstand der meisten rechtsradikalen in ansieht sieht man diese Theorie ebenso bestätigt wie in arabischen Ländern wenn es um die Unterstützung radikaler Gruppen geht.

Das Neue an der Situation der rechtsradikalen bei uns ist, dass diese inzwischen auch Unterstützung im durchaus nicht immer ungebildeten Mittelstadt und sogar unter Hochschulabsolventen finden. Sicher, die Anzahl der Anhänger oder Unterstützer ist hier noch geringer als bei der Bevölkerungsschicht mit niedrigem Bildungsstandard aber es ist eine deutliche Tendenz zu erkennen.

Der Bildungsstand in Deutschland ist ja bei weitem nicht mehr das, was er einst war. Unsere Schulkinder und –Teens jammern heutzutage schon, wenn sie ein Gedicht auswendig lernen müssen. Die Allgemeinbildung ist auf einem derart desolaten Stand, dass es nicht verwundert wenn die Spaßgeneration langsam aber sicher in immer braunere Stufen absinkt.

Wenn man sich die beiden bereits angesprochenen Umstände ansieht, die zu einer Unterstützung radikaler Gruppierungen und Parteien führen so befinden wir uns in dieser Hinsicht auf einer genauso rasanten Talfahrt wie auch wirtschaftlich.

Die Weichen hierfür wurden in den vergangenen 20 Jahren eindeutig gestellt.

Es steht außer Zweifel, dass wir wieder in einer Suppe aus brauner Scheiße schwimmen werden. Es ist lediglich eine Frage der Zeit.

Die Schuldigen sind doch schon gefunden; Ausländer, Sozialhilfeempfänger (obwohl paradoxer Weise gerade diese oft radikal wählen), Behinderte und Alte.

Die Hauptschuld liegt allerdings immer noch (der rechten Doktrin zufolge) bei den Ausländern. Bleibt abzuwarten wie lange es dauert, bis wir Schilder an Geschäften sehen auf denen steht „Kauft nicht bei Kanacken" oder in einer zweiten Kristallnacht diesmal Moscheen in Flamme aufgehen.

Bleibt abzuwarten, wie lange es dauert bis man wieder Stechschritt in den Straßen hört und die Heilrufe durchs Land klingen? Wie lange, bis dieser Wahnsinn uns wieder einholt und wir wieder einmal alles daran setzen andere

Für die eigenen Fehler büssen zu lassen. Wie lange bis wir wieder Parteimitglied sein müssen um Chancen auf Arbeit oder Vergünstigungen zu haben?

Die größte Frage ist jedoch, wie lange wird die Welt diesmal zusehen? Wie lange wird es dauern bis man entscheidet, dass Deutschland diesmal keine Chance mehr verdient? Wie lange bis man sich dafür entscheidet uns nieder zu machen und Deutschland dahingehend zu „reformieren", dass es diesmal keine Bundeswehr, keine Industrie, keine Waffen mehr gibt?

Unsere Politiker? Wie viele haben selbst die Schrecken der 30er und 40er Jahre mitbekommen? Es gibt noch immer viele unter ihnen die zumindest die Nachkriegszeit am eigenen Leib mitbekommen haben.

Doch bei wie vielen unserer Politiker hängt die Uniform schon im Schrank um sich wieder einmal anzupassen und mit den Wölfen zu heulen – Hauptsache die Kohle stimmt?

Wie viele unserer Politiker die heute noch die rechten Parteien und Gruppen als verfassungswidrig und verachtungswürdig bezeichnen werden sich dann auf eben deren Seite stellen und die gleichen Gruppen und Parteien dann hochleben lassen und selbst „Heil" rufen?

Wobei sich keiner unserer „Spitzen Politiker" (gewolltes Wortspiel) auch nur für 5 Cent (oder 9,78 Pfennige) darum schert was dann aus Deutschland wird.

Wer sein Geld im Ausland hat, mit einer Bundeswehrmaschine innerhalb kürzester Zeit bei seinem Geld sein kann und sich dann am Strand diverse Körperteile kraulen lassen kann, den Interessiert die Zukunft Deutschlands so viel wie ein geklautes Fahrrad in Peking.

Kann man es ihnen verdenken? – JA. Denn schließlich haben wir dafür gesorgt, dass diese netten in Desingeranzügen durch die Welt reisenden Jungs ihren „Arbeitsplatz" haben und wir bezahlen sie von unseren Steuergeldern.

Es müsste also oberstes Anliegen eben jener Politiker sein, dass es uns als Volk gut geht, dass es Arbeitplätze gibt, die soziale Absicherung gewährleistet ist etc, etc.

Ich weiß, dass klingt mehr nach Nirwana als nach der deutschen Wirklichkeit.

Statt den gläsernen Bürger zu schaffen und somit immer neuen Wege zu finden den Bürgern die letzten Cent aus der Tasche zu ziehen oder sie dafür zu bestrafen dass sie ihn nicht hergeben wollen, sollten sich diese Herren selbst etwas gläserner gestalten.

Ich weiß nicht wie es dem Rest der Bevölkerung geht, aber ich wäre wirklich brennend interessiert, wo unsere politische Führungsriege denn ihre Gelder angelegt hat. Ich weiß nur soviel, es wird mit 100prozentiger Sicherheit nicht bei der Sparkasse um die Ecke sein.

Wie schön wäre es doch in Deutschland die Möglichkeit eines Volksentscheids zu haben – vor allem bei so gravierenden Themen wie Gesundheitsreform, Hartz 4 oder Diätenerhöhung.

Warum haben wir diese Möglichkeit nicht bei wichtigen Themen, sondern nur wenn unsere politische „Elite" der Ansicht ist uns das Recht einzugestehen?

Weil die meisten dieser elitären Gruppe dann ohne Anstellung wären.

Es bleibt also abzuwarten wie lange es dauert, bis wir die Geschichte zur vollen

Zufriedenheit aller glatzköpfigen Arschlöcher und Krawattentragenden heuchlerischen Massenmörder wiederholen.

Abzuwarten wie lange es noch dauert bis Deutschland wieder einmal geplättet wird, diesmal ohne anschließende Wiederaufrüstung und Hilfe, sondern diesmal endgültig.

Der Zug der diese Gefahr hätte abwenden können ist bei uns schon längst abgefahren und keiner hat ihn auch nur gesehen.

Wir arbeiten drauf hin mit dem Rest der braunen Scheißen in der Toilette der Weltgeschichte runtergespült zu werden, aber wir freuen uns brav über jede neue Dokusoap.

Bleibt abzuwarten wie lange es noch dauert bis wir die erste Abschiebungs-Dokusoap bekommen.

Wie lange bis wir es endlich geschafft haben alles was nach dem Krieg mühselig aufgebaut wurde, ein- und für alle mal zu Nichte zu machen.

Ich weiß nur soviel – ich werde nicht lange genug hier bleiben um es persönlich mitzuerleben.

Ich habe keine Lust verrückten Neonazis beim Marschieren zuzusehen. Dabei zu sein, wie wir den Wahnsinn der 30er und 40er Jahre wiederholen.

Armes Deutschland.

Von Kühen und Schafen

Beiden wird nicht gerade eine sehr hohe
Intelligenz nachgesagt

Sind unsere deutschen Schüler(innen) wirklich so grenzenlos dumm wie es nach den beiden Pisastudien den Anschein hat und woran liegt die Misere?

Nicht alle, aber auf einen sehr großen Teil unserer wundervollen Spaßgeneration trifft dies sicherlich zu. Nicht nur oder unbedingt Dummheit, auch eine sehr große Portion Arroganz, Selbstzufriedenheit und Naivität spielen hierbei eine große Rolle.

Es interessieren sich immer weniger Jugendliche für Politik und Gesellschaft oder andere sinnvolle Sachen.

Welche sinnvollen Hobbies sind denn heute noch unter den Jugendlichen verbreitet?

Die meist verbreiteten Hobbies sind Party feiern, Saufen, Handys, Sex und cool aussehen.

Nun handelt es sich hierbei natürlich um herausragende Qualitäten auf die jeder Arbeitgeber wartet der eine Lehrstelle zu besetzen hat.

Was mich nervt, ist die Ignoranz der jungen Leute und der Unwille, überhaupt irgendwas zu lernen, was man nicht auf Musikvideosendern sehen kann oder worüber in Jugendzeitschriften „berichtet" wird.

Die Gründe hierfür habe ich ja zu Großteil schon im Kapitel über die Spaßgeneration angesprochen.

Was allerdings sehr zu dieser Entwicklung beisteuert ist die Gleichgültigkeit der Eltern. Die einst so angepriesene Antiautoritäre Erziehung hat ja bekanntlich auch ihre Mängel.

Ich bin durchaus kein Verfechter sondern eher erklärter Gegner der Prügelstrafe, aber wenn ein Teenager seine Mutter verklagen kann weil sie ihm eine Ohrfeige gab und dann auch noch Recht bekommt, dann frage ich mich doch schon wie weit wir gekommen sind.

Das Problem besteht darin, dass sich die deutschen Durchschnittseltern heutzutage geradezu krumm legen um ihren Kindern schon im jungen Alter alles was die

Unterhaltungselektronik bietet ins Zimmer zu packen.

Da steht dann Computer (selbstverständlich mit eigenem Internetanschluss) neben dem Fernseher der selbstverständlich mit mindestens einer Videospielkonsole und einem DVD-Player ausgestattet ist.

Und ein Handy braucht der oder die kleine ja auch spätestens im zarten Alter von 12.

Die Kids verbringen dann den Großteil damit sich mit eben jener Elektronik zu beschäftigen und die Eltern freut´s. Das Kind ist glücklich und belästigt die Eltern nicht, die ja schließlich ihre Ruhe haben.

Wenn aus dem Kind dann plötzlich ein Teenager wird ist man absolut schockiert und versucht (wenn überhaupt) nächtlichen Sauforgien und Discoexzessen, frühen Schwangerschaften einen Riegel vorzuschieben und Regeln aufzustellen.

Man versucht dann (wie gesagt, wenn überhaupt) dem Teenager begreiflich zu machen wie wichtig doch die Schule ist und das man ja schließlich später eine gute Ausbildung braucht.

Hallo?? Wie wäre es damit, den Kids etwas weniger Elektronik einzuflößen und sich mehr mit ihnen zu beschäftigen?

Computerspielen kann man auch am Wochenende.

Das leidige Argument, dass das arme Kind ja nicht akzeptiert wird wenn es nicht all die netten kleinen Dinge besitzt, die man ja so dringend zum Leben braucht, kann ich nicht mehr hören.

Was ist aus eigenständigen Menschen geworden, aus selbständigem Denken? Wo sind die Menschen geblieben, die sich nicht allem gnadenlos anpassen um dazu zu gehören, sondern die wirklich Charakter haben und Selbstbewusst sind?

Was hat es mit Selbstbewusstsein oder Charakter zu tun, wenn ich nur für das akzeptiert werde, was ich habe, trage und zu sein scheine?

NICHTS!

Wieso sollen denn unsere Kids Bücher lesen, wenn man die ja auch auf CD vorgelesen bekommt wie zum Beispiel von „Onkel Dieter"?

Der ist ja auch schließlich viel bekannter als die ganzen dummen Autoren, die sowieso keiner der Kumpels kennt.

Wir haben unser Taschengeld seinerzeit für ein Buch und Comicheft ausgegeben, uns vielleicht ´mal ´ne Platte und ein Eis gekauft. Heute brauchen die Kids ihr Taschengeld für Kippen, Handys und Partys.

Die Kids machen sich heute mehr Gedanken um ihr Image als um die Dinge die wirklich zählen. Wieso denn was im Kopf haben? Ich muss cool aussehen!

Ich muss gut aussehen, dazugehören, mich anpassen können und immer schön cool sein.

Und wieso ist das so? Weil ihnen überall gezeigt wird dass die Verpackung viel mehr zählt als der Innhalt und weil sie absolut keine Ahnung haben, wie sie ihre Zeit sinnvoll gestalten sollen oder auch könnten.

Das Einzige was hier einigermaßen Abhilfe schaffen könnte wäre die Einführung eines bundesweiten Ganztagsschulsystems mit Schuluniformen.

Dadurch würden die Kids erstens den Großteil des Tages mit sinnvolleren Sachen verbringen als in der Stadt rumzulungern, SMS zu schreiben und sich für die nächste Party vorzubereiten während man noch dabei ist die vorige zu verdauen.

Zweitens würde durch die Schuluniform ein großer Teil des Gruppenzwangs wegfallen und die Kids könnten sich wieder mehr dem widmen was für den Rest ihres Lebens entscheidend und wichtig sein wird, mit dem was in ihrem Kopf ist.

Die bloße Fixierung auf reine Äußerlichkeiten könnte zumindest eingeschränkt werden und das Image wäre zumindest in dieser Zeit zweitrangig. Nicht ohne Grund stehen Länder in denen ähnliche Schulsysteme angewandt werden in der Studie weit vor uns.

Wie wäre es damit sich Zeit für die Kids zu nehmen solange sie noch jung sind und schon im Kindesalter damit anzufangen auch Grenzen zu zeigen?

Das Bildungssystem und die Entwicklung am Arbeitsmarkt tragen aber auch ihren Teil zu der Misere bei.

Das Abitur hat heute bei weitem (mit einigen Ausnahmeschulen) nicht mehr den Stellenwert, den es noch vor 20 Jahren hatte, was natürlich daran liegen kann dass man inzwischen sogar Stellenausschreibungen für

Kassiererinnen sieht, bei denen Abitur eine der Einstellungsvoraussetzungen ist.

Abitur für einen Job den ein gut trainierter Schimpanse machen könnte?

Das einst so schön gedachte System, dass man mit einem Abitur studiert, mit einem guten Realschulabschluss eine gute Ausbildung und mit einem Hauptschulabschluss eine etwas niedrigere Ausbildung aber immerhin noch eine Ausbildung bekommt, ist längst über den Haufen geworfen.

Welche Ausbildung kann man denn heute noch mit einem mittelmäßigen Realschulabschluss oder gar mit einem Hauptschulabschluss bekommen?

Doch lange vor dem Abschluss fängt das Problem doch schon in den Schulen an.

Für den Großteil der an unseren Schulen tätigen Lehrer ist ihre Aufgabe nur noch ein Job. Ein Job den man in der vorgegebenen Zeit erledigt und man froh ist endlich zuhause zu sein.

Das Problem besteht darin, dass Lehrer zu sein nicht einfach nur ein Job ist wie Taxi zu fahren oder im Supermarkt Regale aufzufüllen. Eine Tatsache, die die meisten unserer Lehrer vergessen haben.

Selten sieht man noch Lehrer die mit Einsatz und dem Willen etwas für die Kids mit denen sie arbeiten zu tun. Selten Lehrer für die ihr Job noch eine Aufgabe ist und nicht nur Mittel zum Zweck um nicht arbeitslos zu sein.

Oft wird ja das veraltete Schulsystem in unserem Lande für die Misere verantwortlich gemacht.

Das finde ich absolut lachhaft.

Die neuen Methoden die bei uns Verwendung finden sind noch schlimmer als die alten.

Der Großteil der neuen Lernmethoden ist lediglich, nutzlos, nervend und vollkommen an der Realität vorbei.

Bestes Beispiel ist hier die deutsche Version der Gruppen- oder Partnerarbeit.

Aufgabe: Macht Euch über den oder das schlau und schreibt eine Zusammenfassung der gesammelten Informationen.

Was machen die Schüler dann?

Sie geh´n ins Internet und suchen dort nach Informationen, auf die Idee in Büchern nachzulesen käme hier keiner mehr.

Die gesammelten Infos werden dann in ein Schreibprogramm kopiert und fertig ist das Referat.

Das wird dann von dem aus der Gruppe vorgelesen, der sich traut und der Lehrer ist begeistert, was mich wiederum auf den Punkt bringt, dass die Lehrer ihren Job eben nur noch als Job sehen.

Das was unsere Kids in Gruppen- und Partnerarbeiten lernen ist:

- Sich vor Aufgaben zu drücken (denn es ist wesentlich einfacher andere die Arbeit machen zu lassen).

- stundenlanges dummes Gelabere (denn man kann die Infos ja am Schluss suchen und braucht sich nicht die ganze Zeit verrückt zu machen).

- Die Schuld für verpatzte Arbeiten auf andere zu schieben (schließlich hat die andere ja die Dinger aus dem Internet gesucht).

- Den Abgabetermin immer weiter nach hinten zu schieben (Schließlich hat der Lehrer ja Mitleid mit den armen Kids und sie sind ja so hoffnungslos überfordert).

Wie oft habe ich schon den Satz über mich ergehen lassen, dass die Kids heutzutage hoffnungslos überfordert sind und mit dem Leistungsdruck nicht zu Recht kommen?

Oft genug, dass ich inzwischen allergisch reagiere.

Ich hab´ 2 Zeugnisse vor mir liegen – ein aktuelles einer Schülerin der 9. Klasse und meins aus dem gleichen Schuljahr (ist gerade mal 20 Jahre her).

Heute: 12 Fächer, von denen 4 nur eine Stunde pro Woche und das dann auch noch epochal unterrichtet werden. Für die Kids, die das hier lesen – Epochal bedeutet, dass das Fach nur in einem Halbjahr unterrichtet.

Keine Nachmittagsschule, die Kids sind ja schon überfordert wenn sie 5 Tage lang 6 Stunden am Tag Unterricht haben.

Mein Zeugnis: 16 Fächer, keines davon mit nur einer Stunde pro Woche, nur 2 epochale Fächer.

Nachmittagsunterricht 2-mal pro Woche für weitere 2 Stunden plus jeden zweiten Samstag 4 Stunden

Jetzt frage ich mich – wer hat eher das Recht sich als überfordert zu bezeichnen?

Wer musste im neunten Schuljahr mehr Stoff durchnehmen, mehr leisten, mehr pauken?

Wer ist aber im Endeffekt nach dem Abschluss der schlauere mit dem besseren Allgemeinwissen (an dem man ja leider im alltäglichen Leben kaum vorbeikommt – so zum Beispiel bei einem Einstellungsgespräch zum Ausbildungsplatz)?

Wenn unsere Kids heutzutage behaupten sie seien überfordert, wenn sich die Lehrer (die sich selbst vehement davor schützen zu viel arbeiten zu müssen) vor die Schüler stellen und sagen sie seien überfordert, wenn sich die Kultusminister mit den gleichen Parolen begnügen, was wird dann in 20 Jahren sein?

8 Fächer pro Jahr mit 4 Tagen Schule und 4 Stunden pro Tag?

Die in den 80er Jahren viel gepriesene 35 Stunden Woche für Arbeitnehmer hat sich als folgenschwerer Fehler erwiesen und das Gleiche wird irgendwann, wenn unsere Politiker mal aufwachen auch mit dem „modernen Schulsystem" der Fall sein.

Fakt ist, dass der Bildungsstand derer, die vor 20 Jahren, ja sogar noch vor 10 Jahren ihren Abschluss gemacht haben um ein vielfaches höher ist als der unserer heute ach so überforderten Schüler.

Darüber sollte man sich mal Gedanken machen.

Forumsbeiträge

Aus dem Forum der Webseite von
www.auswandern-aktuell.de

An dieser Stelle möchte ich abschließend einige Beiträge aus diversen Foren einbinden. Foren in denen über die politische Situation in Deutschland, über Heimatfrust und über das Thema Auswanderung diskutiert wird. Die Verfasser der einzelnen Beiträge erklärten sich mit dem Abdruck einverstanden.

Einige der Verfasser wollten lieber ungenannt bleiben, was ich ihnen aufgrund der politischen Lage nicht verdenken kann.

Besonderen Dank möchte ich an das Team der Website www.auswandern-aktuell.de richten, die mich hierbei unterstützten.

Nicht alle Probleme lassen sich in der Heimat lösen. Es wandern doch sowieso nur Leute aus, die in der Heimat keine Zukunft mehr für sich sehen. Es gab in den letzten 100 Jahren mehrmals regelrechte Auswanderungswellen. Sicher nicht, weil alle gleichsam hysterisch wurden, sondern weil Politik oder Wirtschaft im eigenen Land versagt haben und das ist es auch diesmal.

Und die Enkel sind heut allesamt froh, dass Opa ausgewandert ist.

Ungenannt

Hallo Doris.

Gerade WEGEN den Kindern solltest Du eigentlich ernsthaft darüber nachdenken, denn welche Zukunftsaussichten haben die denn hier noch?

Wie ich auch in einem anderen Posting hier geschrieben hab´, ich kann mich nicht ernsthaft hinsetzen und hier bleiben und meinen Kindern erzählen, dass sich das alles schon wieder einrenken wird.

Was soll ich ihnen dann in 10 Jahren erzählen, wenn sie keine Lehrstelle finden; In 20 Jahren, wenn sie keine Jobs mehr finden oder in 30 Jahren wenn ich ihnen auf der Tasche liegen muss weil meine Rente zu klein ist.

Gerade weil wir Kinder haben, fiel uns der Entschluss um so leichter. Und die Kinder gewöhnen sich schneller an die neue Umgebung als die meisten Erwachsenen. Der Cousin meiner Freundin ist mit Familie vor 3 Jahren nach Kanada ausgewandert. Seine kleine (damals 8) war total begeistert, der große (damals 14) wollte unbedingt wieder nach D-Land zurück. Heute sprechen beide (auch zuhause) nur noch englisch und verschwenden keinen Gedanken mehr an eine Rückkehr.

Ungenannt

Die Deutsche Regierung zerstört das ganze Land nach wie vor systematisch.

Seit 50 Jahren wird alles schlimmer! - anstatt besser!

Bald werden alle auf einmal, die Idee bekommen, in einem anderen Land, ihr Glück zu versuchen, indem die Handlungsfreiheit des einzelnen, weniger stark, durch Gesetze eingeschränkt wird!

Dann jedoch werden auch die Auswanderungsbestimmungen wieder verschärft!

Ein Leben in Amerika beispielsweise, wo der freie Handel, dem in Deutschland, um ein vielfaches übertrifft, würde sich schon lohnen! In Deutschland werden die Bürger von der Regierung, jeden Tag belogen und betrogen!

Immer schärfere Handelsgesetze werden beschlossen. Gleichzeitig wundern sich diese, völlig unfähigen Politiker, das die Arbeitslosigkeit steigt!

Die 345.- Euro Arbeitslosengeldkürzung ab 2005, sind noch längst nicht das Ende! Auffanglager für Arbeitslose, werden in Zukunft entstehen.
In Kasernen und Turnhallen, werden Betten aufgestellt. Bei dreimal am Tag Bohnensuppe!

Das wird die Zukunft Deutschlands sein!

Während die Regierungsangestellten ein sattes Leben im Wohlstand und Sicherheit führen, von Steuergeldern die sie nicht einmal verdienen.
Gleichzeitig werden die Bürger belogen, angeblich zuviel Schwarzarbeit, während die Verschwendung von Steuergeldern, von den Politikern, aber legal ist! Deshalb werde ich alle Hebel in Bewegung setzen, dieses Land endlich zu verlassen.

...denn warum sollte ich mein Leben, von der Regierung zerstören lassen,

Andree

Weiterführende Antwort zu dem vorangehendem Beitrag

Du hast völlig Recht. Ich denke genauso. Ich würde am liebsten auch von hier abhauen. Meine Mitmenschen hier tun mir nur leid, sie müssen unter dieser unfähigen Regierung immer mehr leiden. Eine Regierung die den schwarzen Peter den Sozial Schwachen ab 2005 zuschiebt.

Ich möchte in ein Land wo auch Nationalstolz vorhanden ist, hier ist dies ja gar nicht der Fall. Armes Deutschland!!

Unbenannt

————————————————

Habe 8 Jahre mitten in Frankreich gewohnt und 3 Jahre ein Geschäft (Änderungsschneiderei, Kurzwaren, Wolle, Handarbeiten) betrieben. Als Selbstständiger bist du, anders als in Deutschland, "gezwungen" in eine bestimmte Kranken- und Rentenversicherung zu gehen (von denen man kaum etwas erstattet bekommt) und diese nehmen dir "48%" von deinem Nettogewinn.

Hinzu kommt, dass man bei dieser Art von Geschäft ein hohes Warenlager braucht, das am Jahresende dem Gewinn zugerechnet wird, in D. umgekehrt. Ich habe geschuftet von 7 - 19.30 H ohne Mittagspause, denn Angestellte kann man sich wegen der hohen Abgaben nicht leisten.

Hatte einen lächerlichen Verdienst! Der Papierkram ist deutlich größer und unübersichtlicher als in Deutschland .

Das Mindesteinkommen eines Angestellten liegt bei 900€, es wird selten mehr bezahlt. Den Arzt muss man zunächst mal bezahlen. Ebenfalls zahlt man eine Wohnungssteuer, gibt es in Deutschland nicht.

z.B.: Du kaufst ein altes Haus und möbelst es auf, wirst du bestraft mit einer wesentlich höheren Steuer, in D. kannst du die Investitionen absetzen)etc.

Ich hätte noch mehr Beispiele aber das würde den Rahmen sprengen.

Also, **noch** ist es in D. besser!!-- Allerdings gibt es- und das schon sehr lange- ein Mindest-Einkommen, den RMI (ab 400€). Jeder, der nicht arbeiten will, und deren gibt es viele, kann den in Anspruch nehmen und hat dann natürlich Zugang zu allen anderen Maßnahmen.

Mit der Ausnutzung des sozialen Systems ist es in anderen Ländern nicht anders. Z. Zt. wohne ich auf Madeira(Portugal). Meine Nachbarn sind Portugiesen, welche nach 30 Jahren aus den Slums von Venezuela "arm" zurückgekommen sind. Der Staat stellt ihnen ein großes Haus zur Verfügung. Sie bekommen Möbel, Geld zum Leben, Einkaufen gehen sie mit dem Taxi.

Sie lungern den ganzen Tag faul herum, (Arbeit gäbe es genug) haben ständig 5-6 Freunde zu Besuch, die verheiratete Tochter wohnt mit ihrem Mann auch da, sitzt den ganzen Tag auf der Terrasse und begafft sich im Spiegel.

Mit ihrem unerträglichen Lärm machen sie unser Leben zur Hölle. Nach einer freundlichen Aussprache, doch ein bisschen Rücksicht zu nehmen, wurde es schlimmer. "Ihnen kann ja absolut nichts passieren, nicht mal eine Geldstrafe, weil sie ja schließlich keins haben". Und solche Menschen werden von Tag zu Tag mehr!!!!

Meiner Meinung nach ist das der Hauptgrund, warum es immer schlimmer wird. All dies und mehr, ist für uns der Grund zum auswandern.

Wir scheuen uns vor keiner Arbeit aber wir brauchen Raum zum atmen, uns fehlt die Wertigkeit und Harmonie.

Welcher Philosoph sagte:» Seit ich die Menschen kenne, liebe ich die Tiere«!

Ich liebe kritische Menschen, macht weiter so!

Constance

———————————

Ich würde möglichst nicht in ein Land auswandern, wo schon wieder ein Staat über mir steht. Wo schon wieder reiche Menschen über mein Leben verfügen.

Wo schon wieder reiche Leute dafür sorge tragen, dass ich immer unten bleibe, um mich anschließend als Sozialschmarotzer bezeichnen zu dürfen.

Ein Land wo kein Mensch hinkommen kann, suche ich. Ein Land wo ich mit meiner eigenen Kraft ein Haus bauen kann, aus Holz.

Ein Land wo ich von der Natur leben kann, von dem was ich mir selbst angepflanzt habe...

Ich bin mir hundertprozentig sicher, dass nachdem die "Reichen" ihr eigenes Land durch ihre Geldwirtschaft zerstört haben, sie mein Land aufsuchen würden, um dieses ebenfalls zu zerstören.

(Schon alleine aus Neid und Bosheit der Reichen...)
Deswegen sage ich: Wo kein Mensch hinkommen kann....

Andree

Tja, dann wünsche ich viel Spaß auf einer einsamen Insel....

Schwabenpower

---

hmmmm...*zweifel*   Sobald   sich herumgesprochen hat, dass auf meiner einsamen Insel ein blühendes Paradies entstanden ist, wird diese Insel nicht länger einsam   sein...

(Der   Teufel   findet   dich   überall)

Ich   hab   mir   schon   überlegt Roboterkanonen am Strand aufzustellen. ob das was nützt. Ich glaube nicht. Dann kommen sie eben aus der Luft. :-)

Andree

Wie wär's denn mit dem Mars? - Oder, wie wär's, im eigenen Land mit anzupacken, dass es nicht so viele wirklich richtig Reiche dort gibt. Es gehören immer zwei dazu, «Einer der tut, und der Andere, der es tun lässt.» Mit 35 Jahren hast du das ganze Leben noch vor Dir, Packs an!!!---

Constance

Reine Zeitverschwendung

Wie viele Jahrzehnte versuchte dies schon Greenpeace! Die "Grünen" sind jäh gescheitert. Und ihnen blieb nichts anderes übrig als gemeinsame Sache mit dem Verbrecherpack zu machen.

Mit 35 Jahren, geltest Du in einer Wettbewerbsgesellschaft als alter Opa! Aber das ist noch nicht das schlimmste. Ich weiß so einiges, was Ihr nicht wisst...

Den meisten Menschen hier in Deutschland, ist noch nicht klar geworden, dass Deutschland vollkommen ruiniert ist! Die gesamten Einwohner Deutschlands incl. der Industrie lebt nur noch auf Staatschulden kosten!

Es gibt überhaupt kein Einkommen mehr...

Die Politik sagt das natürlich nicht! Um keine Panik auszulösen...

Andree

Okay, vielleicht hast Du recht, dann geht nur noch ein Volksaufstand, wie damals die Franzosen »Sturm auf die Bastille« und das könnt nur ihr Jungen machen. Wenn ihr euch nicht wehrt, wird sich nichts ändern.

Constance

_____

Die Vorwürfe sind ein bisschen falsch gestrickt.

In Deutschland leben genug Menschen auf der Straße aus den gleichen Gründen wie dies auch in anderen Ländern (wohl gemerkt sprechen wir hier über westliche Länder) der westlichen Welt durchaus der Fall ist.

Wie viele Sozialhilfeempfänger kennst Du denn persönlich? Und die arbeiten alle auf dem Bau? Respekt!

Was die Schwarzarbeit angeht / Bei unseren Lohnnebenkosten kann ich jeden Arbeitgeber verstehen, der Schwarzarbeiter beschäftigt.

Es gibt genügend Betriebe die ohne Schwarzarbeiter Konkurs anmelden müssten. Und das wären dann ja wieder noch mehr Sozialhilfeempfänger.

Das Problem mit Deutschland ist, dass die Probleme immer von der falschen Seite angepackt werden. Wir haben zu viele Schwarzarbeiter, also muss man mehr Zollbeamte in die Welt schicken, die die bösen Arbeiter und die noch böseren Chefs jagen.

Wie wäre es damit, die Lohnnebenkosten auf ein vernünftiges Maß zu senken, damit sich viele kleine und Mittelständische Betriebe auch wieder Festangestellte Arbeitnehmer leisten können?

Aber das würde ja ein Loch in die Staatskasse reißen und die muss ja natürlich auf unserem Rücken und auf unsre Kosten gefüllt werden.

Das Problem mit uns Deutschen ist, dass wir uns vorführen lassen wie Schafe zum Schlachter.

Wir sehen ruhig zu wenn sich Millionenschwere Politiker vor die Kamera stellen und uns sagen, wir müssten den Gürtel wieder einmal um einiges enger schnallen.

Wir sehen ebenso ruhig zu, wie ebenfalls Millionenschwere Gewerkschaftsbosse sich vor eben jene Kameras stellen und eine Einigung mit Mercedes anpreisen, oder einen Tarifvertrag über eine Gehaltserhöhung von unglaublichen 2% - wenn überhaupt.

Gibt es wirklich noch Menschen in diesem unserem Lande, die glauben dass sich Politiker oder auch Gewerkschaftsbosse und Firmenchefs wirklich bis aufs Messer bekriegen um ein Prozentpünktchen mehr rauszuhandeln? Hallo…..Aufwachen!

Unser System, so wie es angepackt wird funktioniert einfach nicht (und NEIN, ich bin weder Sozialist noch Kommunist ☺ Es gibt auch wesentlich bessere Ansatzpunkte hierzu in anderen westlichen Ländern.

MikeyG

(Als Antwort auf einen Beitrag der aussagte, dass die Sozialhilfeempfänger das Hauptproblem für Deutschland seien)

––––––––––––––––––––

Hallo

Eine Verfassungsklage dürfte wenig Sinn machen...

Dadurch dass die Bürger Jahrzehnte verschlafen haben, was diese Politiker an der Regierung eigentlich machen, haben sie nur wenig Mittel diese Wahnsinnigen zu stürzen! Diese Politiker haben sich in den letzen Jahrzehnten nach allen Seiten abgesichert!

Die Verfassung können die Bürger nicht anrühren, dafür gibt es den Verfassungsschutz. Absetzen kann man die Politiker nicht, da sie vom Bürger absolut unantastbar sind. Abwählen kann man die Politiker nicht, da sie ihre Nachfolger selbst wählen. Rausschmeißen kann man die Politiker nicht, da sie auf Lebenszeit beamtet bleiben.

Zusätzlich dürfen Politiker, die Bürger als
Melkkuh ausbeuten, und sich aus dem
Steuertopf nach Herzenslust bedienen…
keiner kann ihnen reinreden
keiner kann sie aufhalten!
keiner kann sie rügen!...
Die einzige Möglichkeit bleibt nur noch eine
Revolution!
Andree
*(Zu einem Beitrag die verschiedenen Möglichkeiten
etwas gegen eine schlechte Regierung zu unternehmen).*

―――――――――

……„Die einzige Möglichkeit bleibt nur noch
eine Revolution!"
Habe ich doch schon mal vorgeschlagen,
warum tut Ihr Jungen das nicht?!?

Es liegt in Eurer Hand!

Es ist Eure Zukunft!

Ich habe meine schon hinter mir, habe genug
gekämpft.
Constance

―――――――――

Hallo

Die Revolution kommt - aber ganz anders wie wir denken und wir sind schon mittendrin!

Rückblende: D vor zwanzig, dreißig Jahren: ein liberaler Staat! Unverletzlichkeit der Wohnung, Briefgeheimnis, Bankgeheimnis etc. Heute!?

Alles weg, der Überwachungsstaat kommt immer näher.

Der Orson-Welles-Klassiker "1984" hätte richtigerweise "2014" heißen sollen, ansonsten ist das Buch und der Film fast schon Realität geworden.

Die Revolution wird mit den Füßen ausgetragen: Seit Jahren wandern viele Deutsche aus, vor allem so genannte "Macher"

Gutausgebildete Leute mit Tatendrang, die sich nicht mehr gängeln lassen wollen. Allein im vergangenen Jahr sollen über 200.000 Deutsche ausgewandert sein....

Übrigens: Wer in Geschichte aufgepasst hat, merkt was: Die Geschichte wiederholt sich. So erlebte Deutschland schon mehrere Auswanderungswellen in den vergangenen Jahrhunderten, und die nächste Auswanderungswelle beginnt...

Schwabenpower

Hallo Schwabenpower

Die Tatsache, dass wieder einmal eine Auswanderungswelle losgeht dürfte das kleinste Problem sein wenn wir die Geschichte wiederholen.

MikeyG

Hallo Leute

Ich bin ursprünglich türkischer Staatsbürger, machte mich nach 2 abgeschlossenen Ausbildungsberufen 1997 selbständig.

Gründete 1999 Eine Werbeagentur die perfekt anlief. 2002 fingen die Probleme mit dem Euro an.

Eine Nachfinanzierung bekam ich von meiner Bank nicht- weshalb sie eher seit 1999 Geschäftsgründungen im Gastronomiebereich förderten und keine neuen Ideen!!! Vor meinen Augen bekamen Neugründer bis 360.000 € für Gastronomiezweige. Nach und nach machten mehr und mehr Restaurants pleite etc...

Nun denn 2003 folgte, wo ich mich mit der Firma wieder rettete. Ehrlich gesagt hatte ich Anfang 2003 genau schon 10.639,- € Steuerschulden.

Bis heute baute ich dies ab auf 2800,- €, wo ich mir ganz klar ausrechnen kann für wen ich knapp 2 Jahre lang schwer gearbeitet habe! (Für nicht Schnellrechner macht das ca. 650,-€ monatlich an Finanzamt + die mir aufgedrückten 5 Versicherungen von meiner Bank, gerne bezahlte Vollzeitlohn an

Angestellte und Firmenmiete etc. etc. machten meine Ausgaben monatlich min. 4300,-)

Das Alles für DEUTSCHLAND! das Land in dem ich geboren wurde und immer als Heimatland gesehen habe.

Letzte Woche bekam ich ein Schrieb vom Ordnungsamt auf dem steht: Gewerbeuntersagung gemäß § 35 Abs. 1 Gewerbeordnung (GewO)- Schließung meiner Firma wegen Unzuverlässigkeit!!!

Meine Bank kündigte nun alle meine Konten- und ich werde gerade zur Insolvenz gezwungen.

Meine Freunde- meine Existenz wird zerstört;

Und ich verzichte gerne drauf- wenn Deutschland auf seine 4 Steuerzahler verzichtet...
1. Steuerzahler: Ich mit knapp 1000,- € monatlich
2. Arbeitnehmerin; meine Grafikerin wurde meinerseits entlassen.

3. Meine Frau; Vollzeit beschäftigt- 230,- €
monatlich
4. Unser Hund "Leo" mit knapp 67,- €
Hundesteuer   jährlich.
Soll jeder mal ausrechnen wie viel wieder in der
Staatskasse   jedes   Jahr   fehlen   wird.

Denn- wir wandern aus- für immer,
werden nach Türkei gehen und uns dort die
Langersehnte Existenz aufbauen- so Gott will.

Seit Jahr 2000 bis jetzt meldeten FÜNF
meiner   Kunden   Insolvenz.
Das heißt, das ich an Leib und Seele spüre wie
es wirtschaftlich bergab geht.

Badman212

Du hast ja so recht !

Hier   wird   einem   alles   so   schwer
gemacht.

Wünsche Euch von ganzem Herzen alles
Gute und viel viel Glück, Zufriedenheit und
Frieden !

Wäre schön wenn man was von Euch hört ... wie es Euch dort geht... Lasst Euch nicht unterkriegen....
Ungenannt

Hallo Badman

Du hast mein tiefstes Mitgefühl. Ich hoffe, Du siehst das nicht als Rassismus, es geht ja vielen Deutschen so. Ich wünsche Dir und Deiner Familie einen guten Start und viel Erfolg-

Armes Deutschland, was wird aus Dir, wenn Du alle Kompetenten und arbeitsamen Menschen gehen lässt, dann wird Keiner mehr da sein, um die Schmarotzer weiterhin zu finanzieren. Das Aufwachen wird hart sein aber dann ist es zu spät. Wie sagte meine Oma immer: "Wer nicht hören will, muss eben fühlen". Tja – wer´s braucht. Nochmals viel Glück und lass von Dir hören.

Herzliche Grüsse,

Constance

Tja, der Verwaltungswasserkopf muss ja bezahlt werden. GEZ-Schnueffler, Frauenbeauftragte, das groesste Parlament der Welt mit den meisten Lehrern, satte Pensionen, etc.Der passt ganz gut

Peter_KL

Kennt Ihr die Werbung der LBS-Bausparkasse?
Die kleine Lena saß mit Ihrem Vater vor dem bunt bemalten Bauwagen....... dann will ich später auch mal ein Spießer werden.

Die Kleine hat es noch nicht begriffen, dass ein Spießer niemals so glücklich sein kann, wie jemand der von allen Gesellschaftlichen zwängen losgelöst in seinem Bauwagen sitzt und sein Leben lebt.

Obwohl er hier in D (von den Spießern) dafür sehr schief angesehen wird, denn er entspricht nicht der Norm. Er ist allein erziehend, Bau- bzw. Wohnwagen haben weiß zu sein und er ist kein Bausparer usw.

Also weg hier!!!

Meine Vorstellung vom Auswandern ist, erst einmal mit dem Bauwagen... oh sorry natürlich mit dem Wohnmobil durch Europa touren (was natürlich einen gewissen finanziellen Background voraussetzt) und sich in den einzelnen Ländern der EU umsehen.

Es könnte sonst ein böses erwachen geben, wenn man feststellt, das es da auch nicht besser ist als hier. Es muss ja auch einen Grund haben, dass es auch in anderen Ländern Auswanderer gibt. Wenn man das passende Fleckchen Erde gefunden hat, kann man den zweiten Schritt wagen und Auswandern.

Mir geht das Spießertum hier in D auf den Keks.

Hier wird derjenige bestraft, der einen guten Job hat, Single ist und Haus Grund besitzt.

Belohnt werden diejenigen, die Arbeitslos sind, viele Kinder haben, und jede Lücke in den Sozialgesetzen kennen und ausnutzen.

Deshalb werde ich aussteigen und D den Rücken kehren. Sollte jemand das gleiche vorhaben, würde ich mich über einen Gedankenaustausch freuen.

Bis dann
CU in EU

4u2c

———————————————

Hallo

Ich habe von der spießigen Gesellschaft in Deutschland, dem Wohlfahrtsstaat und der allgegenwärtigen Bürokratie ebenfalls die Nase gestrichen voll. Da m.E. ohne finanziellen Background die Möglichkeiten recht eingeschränkt sind, habe ich meine Kosten weitestgehend reduziert. Ziel ist, die nach staatlichen Zwangsabgaben und dem notwendigen Konsum übrig bleibenden finanziellen Mittel zum Aufbau von Eigenkapital zu nutzen.

Bis zum Ende des Jahrzehnts soll mir dies ermöglichen, auch in Deutschland über die Runden kommen, ohne der Verpflichtung einer abhängigen Beschäftigung täglich nachgehen zu müssen.

Dieses finde ich enorm wichtig, um den nötigen persönlichen Freiraum - sowohl zeitlich wie auch gedanklich - zu erhalten, das Vorhaben des Auswanderns konkret auszugestalten.

In meinem Leben bin ich noch nicht weit gekommen, früher mangels Geld und heute wegen einem anderem - einem psychologischen - Problem.

Ich fahre im Urlaub erst gar nicht weg, weil ich nicht zurückkommen möchte.

Mit dem Abstand, den ich beispielsweise bereits nach einer Woche Urlaub habe, empfinde ich die gegenwärtige Situation im Erwerbsleben bereits jetzt unerträglich und muss mich erst wieder von Neuem daran gewöhnen. Gewöhnen in dem Sinne mich zu fügen, mich anzupassen, nicht etwa Freude zu empfinden.

Mein Plan entspricht also der "Augen zu und durch Methode" und ich hoffe am Ende meine gesteckten Ziele, ohne größere persönliche Schäden davonzutragen, zu erreichen und frei zu sein, dahin zu gehen, wohin ich gehen möchte.

Sollte mir das nicht gelingen, bin ich fest entschlossen mein Leben hier in Deutschland nicht so weiterzuführen wie bisher, denn ein Ziel ist ein Traum mit einer Deadline. Dies finde ich ganz wichtig, weil viele Menschen ihre Träume träumen und wohl doch nie verwirklichen werden, weil sie den Tag sich zu entscheiden nicht festgelegt haben.

Ungenannt

Moin,

Meine Gedanken habe ich hier kurz skizziert, da ich sie sonst niemandem mitteilen kann. In meinem Umfeld versteht man so etwas nicht, aber mit dem Problem stehe ich wahrscheinlich auch nicht alleine da.

Ich wünsche wirklich allen Auswanderungswilligen ihren Traum zu einem bestimmten Tag, und nicht irgendwann, zu realisieren.

Viel Erfolg dabei

Ungenannt

Hallo auch,

Das Problem bei Dir ist.......Du suchst ein Land in dem der Sozialismus noch   praktiziert wird.

Dieses Land gibt es aber nicht auf der Welt.

Alle Länder die Sozialismus versuchen zu praktizieren, sind in Wirklichkeit diktatorische, Unterdrückungsversuche, die von irgendwelchen machtgierigen "Nichtsnutze", unter dem Deckmantel des Sozialismus ausgeübt werden. Sozialismus funktioniert nur in einem geldfreien System.

Wenn Du Dir z.b Cuba anschaust, so wirst Du feststellen, das die Diktatoren reich sind, und ihr Volk wiederum arm.

Also das gleiche wieder, wie in der Demokratie.

Weil diese Machthaber selbst keinen Plan haben, wie ein gerechter Sozialismus eigentlich aussehen soll. Aber das ist ihnen auch egal, solange die Leute sie anbeten, und sie ihre Machtstellung beibehalten – wie in einer Demokratie eben.

Andree

―――――――――――――

Hallo Ihr alle,

wie gut kann ich Euch doch alle verstehen, aber so geht es wohl nicht nur mir...

Nach einem verregneten Sommer hört man immer öfter, dass man am besten auswandern sollte. Dieser Sommer in Deutschland war einfach traumhaft und trotzdem will ich endlich weg von hier!

Warum geht man hier arbeiten? Damit Andere noch reicher werden und man selbst sich immer noch fertiger macht, oder? So kommt es mir langsam jedenfalls vor. Und wenn man noch so schuftet, wer dankt es einem? Keiner. Und trotzdem träume ich davon, morgens aufzustehen und zu wissen, man wird wirklich gebraucht.

Yvonca

―――――――――――――

Haltet den Kopf oben, denn wir werden es irgendwie schon schaffen aus diesem loch was sich Deutschland nennt heraus zu kommen.

Die Auswanderungsbehörde die sich um solche Dinge kümmern sollte existiert wahrscheinlich nur der Tarnung wegen, damit man nach außen seinen demokratischen und freiheitlichen willen propagieren kann, den die Internetseite dieser Behörde befindet sich schon seit ewigen Zeiten im Umbau(hihi).

Aber wir wissen ja auch warum, denn dieser Staat will uns keine Hilfestellung zum auswandern geben, denn wir sind ja willenlose Steuerzahler ohne rechte(und das meine ich wortwörtlich). Für eine bessere Zukunft, in der wir auch wieder für uns selbst leben und arbeiten können.

Unbenannt

Die Deutschen jammern ja schon wenn sie die 13 Monatsgehälter gekürzt bekommen... Was hat das mit meinem wirklichen Leben zu tun? Nichts. Die wahren Menschen müssen um ihren Lebensstandard und ihre Gesundheit kämpfen und daraus beziehen sie ihren Stolz und ihre Würde. Deswegen rate ich allen: Lasst alles liegen und stehen und wandert aus.

Unbenannt

Hallo alle,

Geb. in der dt. "demokr." Republik und mit Anfang 20 während der Montagsdemo unwissend über das künftige System mit seinen Schattenseiten ... Geschäftsgründung u. langj. Tät., Knebel von der HW-Kammer, Soka-B./idiot. Reglungen,

Lohnzusatzkosten u. v. unsinnige Verordnungen u. Regelungen ... inzwischen eben dann für den "Frieden" HWK-Mstr. Wegfall der Notwendigkeit. Studium BWL u. Strategielehre und nun der Rückblick. Es ist genug ....!

Ich bin nun 37 und durchaus leistungsbereit. Jedoch werte Berufspol. ... meinen geschaffenen Mehrwert werde ich wohl künftig andernorts einsetzen. Wo genau ist noch nicht klar. Aber klar ist, dort wo Initiative belohnt, statt bestraft wird (exkl. Zwangsmitglied. Kammern, "Mindestlohn" für ungelernte AK von 10 EUR u. v. a. m.

Heimat ist Heimat. Nun gut ... wenn sich die Entfaltungsmöglichkeiten hier im dt. Lande künftig deutlich verbessern, dann gern auf ein Wiedersehen.

Bardenic

———————————————

Freut mich dass sich jemand dafür interessiert. Ich war für drei Jahre in Ecuador und habe dort wilde Pferde für reiche Pferdebesitzer angeritten, mit Hilfe eines Indianderjungen der mir die Pferde erstmal mit dem Lasso einfing.

Wir hatten riesen Erfolge und haben über dem Durchschnitt verdient, bis ich wegen Visums aus dem Land reisen musste, aber heiraten wollte ich auch wieder nicht.

Dort habe ich mich das erste mal l e b e n d i g gefühlt, als ich nach Deutschland zurückgekommen war, kam ich mir vor wie in einem toten Land.

Ich bekam schwerste Depressionen und fand keinen gesellschaftlichen Anschluss.

Ungenannt

Zumal, ich bin 30, also im gebärfähigen Alter, wie man so schön sagt. Daher habe ich hier große Schwierigkeiten einen Job zu bekommen. Und wenn Du nicht mehr im gebärfähigen Alter bist, dann bist Du zu alt. So was nennt man Sackgasse. Mich (Pharmareferentin) hat mal einer sogar gefragt, ob ich momentan verliebt sei und alles rosarot sehe?

Da ich sehr polyvalent bin und zwischen 2 Jobs alles Mögliche gemacht habe, was mir in die Finger kam, fragte man mich spöttisch: Was haben sie denn noch nicht gemacht? Ich antwortete:

Ich habe mich noch nicht prostituiert, weder moralisch, noch physisch und bin aufgestanden und gegangen. Dass ich mit meinen diversen Jobs mich über Wasser hielt,

126

anstatt dem Vater Staat auf der Tasche zu liegen, diesen Aspekt hat man nicht in Erwägung gezogen und dass man außerdem seine Erfahrungen bereichert, auch nicht. Halte an Deinem Ziel fest. Solche Leute werden wir im Ausland brauchen!

Herzliche Grüsse aus Madeira

Constance

Hi Constance,

so geht das hier halt. Ich habe auch relativ viel gewechselt (so alle 2 - 3 Jahre), weil ich in vielen Jobs keine Möglichkeit mehr hatte, weiterzukommen. Man wird hier irgendwo eingestellt, und da bleibt man dann 40 Jahre sitzen ohne eine Chance aufgrund seiner guten Arbeit weiter in der Firma voranzukommen.

Ich habe mich auch weitergebildet, sogar ein Fernstudium neben meiner Arbeit in einer PR-Agentur absolviert. Aber ein Fernstudium wird hier eh kaum anerkannt. Ist ja quasi gekauft!!!!

Nach meiner Ausbildung usw. wechselte ich nach einiger Zeit in ein anderes Berufsgebiet. Da kommen natürlich sofort immer Fragen "warum, wieso, weshalb.....". Manchmal kann man es gar nicht sagen, warum man diesen Schritt getan hat. Man tat es einfach und ich würde es wieder tun.

Aber nun wird einem aus dieser Berufserfahrung, die man dadurch ja nun bekommt, sogar ein Strick daraus gedreht. Merkwürdige   Gesellschaft. Ich konnte besonders in den letzten Jahren eine "Verschärfung" der Fragen in eben jenen Vorstellungsgesprächen feststellen.

Wie bereits ausgeführt, sie wollen ja sogar, dass ich als Bewerber auf vorgefertigte Fragen auch vorgefertigte Antworten gebe! Ich merke manchmal, dass ich deswegen auch nicht ehrlich bin aber die Firma auch ehrliche Antworten nicht hören möchte.

Da ich ja nur befristet hier angestellt bin bekommen wir derzeit, das ist übrigens höchst selten und kommt wohl auch kaum in

Deutschland vor, ein Bewerbungstraining bezahlt. Ohne dieses Training, würde ich wahrscheinlich überhaupt nie ein Vorstellungsgespräch hier erhalten (was eh schon selten genug ist) und würde auch in Vorstellungsgesprächen völlig untergehen.

Dort lernten wir auch die so genannten heiklen Fragen. Das sind 3 Seiten voll gepackt mit merkwürdigen, psychologischen Fragen.

Gestern war schon schlimm genug aber ich konnte mich noch so einigermaßen aus der Affäre ziehen. Trotzdem könnte ich mir es nicht vorstellen, dort zu arbeiten. Aber ich gehe davon aus, dass sie eh kein Interesse an mir haben, so etwas durchschaut man ja schnell aber ehrlich wird es einem ja auch nicht ins Gesicht gesagt.

Zudem kamen noch solche Fragen wie "Wo sehen sie sich in einigen Jahren?" (halt bewusst auf Familienplanung aus!!!).

LigaHeindl

Hi,

Ich kann auch das Beispiel von Schweden anbringen. Dort schickt man noch nicht einmal seine kompletten Unterlagen hin, sondern schickt ein Anschreiben. Danach telefoniert man dort und größtenteils wird man auch direkt eingeladen. Meistens wird dann bei einem

Vorstellungsgespräch die Anspannung sofort gelockert, indem die "Befrager" sich einfach mit Vornamen vorstellen und der Bewerber kann sie dann mit Vornamen ansprechen.

Eine Situation, die hier in Deutschland undenkbar wäre. Wir siezen uns ja noch untereinander, wenn wir 30 Jahre im gleichen Betrieb arbeiten. GRAUENHAFT!!!

Ich suche wieder etwas im Assistenzbereich. Ich bin gelernte Rechtsanwaltsgehilfin habe aber später "umgeschult" im Bereich Öffentlichkeitsarbeit/PR. Arbeite derzeit als Projektassistentin für das Land NRW.

Und dazu möchte ich noch einmal etwas sagen, wie es in diesem Land (nicht nur NRW sondern deutschlandweit) so funktioniert. Ich bin das lebende Beispiel dazu:

Dieses Projekt wird etwas kleiner gehalten, sprich das Land gibt weniger Geld für dieses Projekt aus. Das heißt, dass einige Projektmitarbeiter, die eh befristet da waren, gehen müssen. Ich möchte mich ja auch nicht beschweren, da ich ja wusste, dass ich einen befristeten Vertrag unterzeichne.

Aber das schlimme ist, dass meine Stelle noch nicht einmal gestrichen wird, sondern dass ich einfach nur ausgetauscht werde.

Und das nicht deshalb, weil ich schlecht gearbeitet habe, sondern weil im Ministerium Beamte sitzen, die irgendwie aus einem anderen Referat kommen.

Wo auch nicht mehr so viel Geld zur Verfügung steht, haben, die aber nicht entlassen werden können. Ich kann aber entlassen werden.

Da ist es auch egal, ob ich in den letzten 3 Jahren mich sehr in das Thema eingearbeitet habe und natürlich darin routiniert bin. Nun muss alles wieder von vorne gemacht werden. Ich muss meine Nachfolgerin einarbeiten etc. Das ist die Realität in Deutschland 2004!!!

Und das ist einfach KRANK!!! Und das ist nur ein Beispiel von mir. Und ich denke, es geht vielen so. Wir haben hier einfach ein riesengroßes Strukturproblem!!!!

LigaHeindl

Hallo Mikey!

Wie herrlich, dass mal endlich jemand sich getraut, offen und ehrlich seine Meinung zu sagen. Glückwunsch! Bin erst heute auf dieses Forum gestoßen, suche aber schon lange!

Wir gehen im kommenden Jahr nach Kanada und stecken mitten im Vorbereitungsstress.

Leider werden wir sehr viel angefeindet, weil kaum jemand bereit ist, offen zu gestehen, was Du in Deinem Beitrag beschrieben hast. Wir stehen zu unserer Meinung, haben uns unseren Auswanderungs-

Wunsch sehr genau, sehr gründlich und sehr lange überlegt, bevor den endgültige Startschuss fiel. In diesem Land wird es täglich übler zu leben und wir haben einfach keine Lust mehr, uns dem zu beugen. Sicher ist in Kanada auch nicht alles Gold, was glänzt - schon klar.

Aber wir gehen mit genügend Kapital rüber und werden uns beruflich völlig verändern.

Wanderst Du auch aus? Habe mich im Forum noch nicht ganz "durch gelesen"!

Herzliche Grüsse

Daniela

———————————————

Hallo mal wieder,

Deutschland ist die Servicewüste schlechthin. Alle jammern über Arbeitslosigkeit aber nen Finger mal bewegen um mich als Kunden zu befriedigen kommt kaum jemanden in Sinn. Man hat das Gefühl die sind alle genervt ihren Job zu tun.

Ne Coke (oder Coffee) für rund €3 und kein free refill ---ein Wasser mit Zucker und Farbe für 6 Mark ---- im Sinne von Mike >>>> wacht mal auf

(US: Freies Nachfüllen, einmal bezahlen für soft drinks, habe oft Nächtelang bei Dennys (nen Familienrestaurant das 24 Stunden auf hat) gesessen und die Nacht studiert und an einer Tasse Kaffee nebst REFILL mich durch die Nacht geschlaucht:)

Im Supermarkt tritt mir der Hintermann in die Hacken während ich mit atemberaubender Geschwindigkeit mein Wechselgeld wegstecke, und gleichzeitig mein

Zeug was mir entgegenfliegt in den Wagen schleudere.

(In USA: Ich rede mit dem an der Kasse, nen kleinen small talk der ihm/ihr den Job angenehmer macht, mir das Einkaufen stressfreier, die Sachen werden eingepackt und man wird gefragt ob man Hilfe zum Wagen benötigt - diese Jobs werden meist von Schülern oder Rentnern gemacht die gerne noch am Leben teilhaben wollen)

Frisör gestern: €38 für´n Schnitt, der Typ tat so als ob ich was von ihm wolle, und nicht das er mir sein Service verkau fen will, der verzog sich erstmal zur Pause und meinte wenn er dann fertig wäre -platt ...schlechte, gelangweilte Beratung.

US: Hi, hallo, nice to see you again _grinsen, lächeln, nen Caffee, sitzen, Beratung, schneiden, waschen, trocknen FÜR $12;

Tanken: wieso muss ich hier reinlatschen wo ich eh mit ner Karte bezahle, ist das so schwierig die Karten an der Säule zu integrieren.

Ach ja, das wäre wohl zu Kundenorientiert, mir Zeit und Arbeit abzunehmen, und es dem Angestellten auch noch etwas leichter zu machen, was sogar den Innenbetrieb beschleunigen würde.

Was liebe ich den Spruch "get in, get out, get on with your life"

Restaurant, das schlimmste was ich jäh erlebte hier. Mit einigen Ausnahmen, überall lange Wartezeiten aufs Essen, oftmals nen Abklatsch von irgendwelchen Ufa-Betriebenen Restaurants, was bis zum ceasar sald geht, den man zum Original eigentlich in die Tonne treten müsste. Aber diese langen Leitungen, bis man überhaupt mal zur Bestellung kommt.

Ach...mir wird langweilig dabei...Fortsetzung folgt eventuell...

In diesem Sinne,

have a nice day
Ute

———————————

Ach ja, da fällt mir noch was ein Thema Diskriminierung und Arbeit.

Wie ist das doch, mit uns "Alten" (38 jung ist)?

Wenn ich hier die Stellenangebote lese, lese ich oft "und wenn sie unter 30 sind und 5-10 Jahre Berufserfahrung (einschlägig) mitbringen, freuen wir uns auf ihre Bewerbung"

Unglaublich! Mit 40, egal was du gemacht hast, bist du in Deutschland Rentenanwärter ohne genügend Arbeitsjahre ;) Und die deutschen Gesetze unterstützen diese Diskriminierung.

In USA ist es gesetzlich verboten, persönliche Fragen zu stellen. Der Arbeitgeber darf nicht nach Alter, Religion, Familienstand etc fragen...und das nicht erst seit 5 Jahren.

Weiterhin sind alle Bewerbungen ohne Passfoto, und persönliche Daten zur Person einzureichen. Ein Arbeitgeber der jemanden nicht einstellt des Alters wegen, besonders bei

Leuten über 40 wird straffällig, das gleiche gilt für Minderheiten, Behinderte, und verschiedene Kulturen.

Es gilt schlichtweg die Eignung für den Job, und nicht die erste Sondierung per Foto und Alter (sicherlich ist ein Interview dann immer subjektiv....)

Aloha

Ute

Hallo,

ich bin völlig überrascht, dass es doch noch Menschen hier oder auch woanders gibt, die absolut das gleiche denken wie wir.

Das einigste was ich immer von Freunden, Bekannten, Arbeitskollegen etc. höre ist z. B. über Amerika und die Einwohner: "die sind ja alle dumm, oberflächlich und völlig scheiße".

90% derer, die diese Aussage treffen, waren natürlich noch nie dort! Typisch deutsch halt!!! Und eine andere Meinung darf ja nicht haben, dann ist man ja genau so dumm wie die Amis!

Wir waren in den letzten Jahren immer in den USA/Kanada gewesen und werden auch jetzt wieder (Ende September) dort hinfliegen. Leider waren es bisher immer nur Urlaubsreisen, aber wir haben dadurch, dass wir mit dem Mietwagen durch das Land gereist sind, einiges mitbekommen.

Und da kann ich Ute nur vollen Herzens zustimmen. Ich kann es nur aus den wenigen Wochen die wir dort waren beurteilen und es war immer sehr schön gewesen und die Einwohner waren immer äußerst hilfsbereit.

Der komplette Servicebereich ist grundlegend anders als hier! Tanken, Einkaufen etc. Alles war Ute schreibt können wir voll nachvollziehen.

139

Ute hatte ja auch über Vorstellungsgespräche und Bewerbungen geschrieben. Dazu ein Beispiel von mir:

Gestern hatte ich ein Vorstellungsgespräch bei einem ziemlich großen Konzern in Essen!

Das Gespräch war grauenhaft. Drei Leute, die dich 1 Stunde lang von oben bis unten angucken und keine Mine verziehen und ausschließlich heikle Fragen stellen!!!

Man wird permanent unter Druck gesetzt und die warten nur darauf, dass du irgendwelche Fehler machst.

Ob ich inhaltlich etwas drauf habe, was ich wirklich kann, ist fast schon zweitrangig.

Zumal, ich bin 30, also im gebärfähigen Alter, wie man so schön sagt. Daher habe ich hier große Schwierigkeiten einen Job zu bekommen.

Eine Freundin, die auch Personal auswählt, hat mir gesagt, dass die grundsätzlich Frauen aus dieser Altersstruktur sofort aussortiert, egal wie gut sie sind. Tolle Zukunftsaussichten!!!!!

Wir würden ebenfalls sehr gerne in einem anderen Land arbeiten und leben. Aber wie oft schon gesagt, dass geht natürlich nicht von heute auf morgen. Unser Ziel ist ebenfalls Kanada/USA. Im September/Oktober werden wir auch wieder dort sein.

Derzeit fehlen uns allerdings auch noch finanzielle Rücklagen, welche wir uns weiterhin noch hart ersparen müssen (aber Vater Staat wird sicherlich schon dafür sorgen, dass wir noch länger hier leiden müssen!!!).

Wir finden es auf jeden Fall toll, dass so viele hier im Forum den Schritt gewagt haben oder es noch tun werden. Leider sind wir noch nicht so weit werden aber alles dransetzen, dass wir es ebenfalls schaffen werden.

LigaHeindl

Über den Autor

Grass wurde Anfang der 60´er Jahre in Frankfurt als Sohn Deutsch- Amerikanischer Eltern geboren. Er besuchte die Real- später die Fachhochschule.

Nach einigen Jahren im öffentlichen Dienst und einer Nebenbeschäftigung als freiberuflicher Journalist entschied er sich seinen Vorfahren zu folgen und in die USA umzusiedeln.

Dort schrieb er seine ersten Kurzgeschichten und arbeitete weiterhin als freiberuflicher Journalist.

Er kam aus privaten Gründen Anfang dieses Jahrhunderts wieder nach Deutschland zurück und lebt heute zurückgezogen in Norddeutschland.

Die Idee zu diesem Buch kam ihm bereits nach seiner Rückkehr aus den USA.

Im Mai erscheint....

Mit Vollgas ins Chaos

Das neue Buch vom Autor von

„Ungebremst und ohne Airbag"

Mike Grass

Eine Abrechnung mit der deutschen Lebensweise. In gewohnt direkter Weise nimmt Grass in diesem Buch die deutschen Medien, Manager und Politiker genauer unter die Lupe.

Wieder einmal legt er den Finger auf die Wunden des alltäglichen Wahnsinns. Noch direkter und mit noch mehr Beispielen die dem ganz normalen Heimatfrust ins Auge stechen.

Mit vielen Karikaturen von Paulmichel